¿Proporcionalidad sin Proporción?

Análisis a la fracción XXX del artículo 28 de la Ley del Impuesto Sobre la Renta, para establecer su proporcionalidad o no proporcionalidad.

Dr. Guillermo Robertson Andrade.

¿Proporcionalidad sin Proporción?

Dr. Guillermo Robertson Andrade

¿Proporcionalidad sin Proporción?
Análisis a la fracción XXX del artículo 28 de la
Ley del Impuesto Sobre la Renta para establecer
su proporcionalidad o no proporcionalidad.
Primera edición 2015.

¿Proporcionalidad sin Proporción?
Análisis a la fracción XXX del artículo 28 de la
Ley del Impuesto Sobre la Renta para establecer
su proporcionalidad o no proporcionalidad.
D.R. © Dr. Marcos Guillermo Robertson Andrade

Para esta edición
D.R. © R S E d i c i o n e s
Moctezuma No. 718-4 Zona Centro
Teléfono 646.204.22.73
Ensenada, B.C. C.P. 22800
info@rscorporativo.com

Edición, Diseño y Portadas
D.R. © Wendy R. Saracho Narcio

Corrección y Estilo
D.R. © Wendy R. Saracho Narcio

¿Proporcionalidad sin Proporción?
Análisis a la fracción XXX del artículo 28 de la
Ley del Impuesto Sobre la Renta para establecer
su proporcionalidad o no proporcionalidad.
Primera edición 2015. Es una publicación de:
**Corporativo Robertson, Saracho, Del Peral
S.C. de R.L. de C.V.
Moctezuma No. 718-4 Zona Centro
Ensenada B.C. C.P. 22800
Oficina. 646.204.22.73**

ISBN: 978-1511962933

TODOS LOS DERECHOS RESERVADOS

"Lo pasado ha huido, lo que esperas está ausente; pero el presente es tuyo"

Proverbio Árabe

¿Proporcionalidad sin Proporción?

Análisis a la Fracción XXX del artículo 28 de la L.I.S.R

¿Proporcionalidad sin Proporción?

Análisis a la Fracción XXX del artículo 28 de la L.I.S.R

Dedicatoria

El presente trazado de arquitectura se lo dedico en especial al Gran Arquitecto de los Universos; a mis tres amados hijos, a mi gran amor y compañera en este transcurrir de la vida, Lupita Saracho, a mis padres que me han forjado en un hombre de lucha constante, de aprendizaje y sobre todo siempre luchar hasta el final, a mis hermanos María del Carmen, Martha Roselia y Luis Antonio; a mi Logia, madre adoptiva Hefesto 1 N°2, y por supuesto a ti, contribuyente, pues la presente obra es una herramienta en el devenir de tu vida empresarial.

"...los legisladores se han asegurado de que los mecanismos de defensa con que cuentan los gobernados estén acotados,..."

¿Proporcionalidad sin Proporción?

Análisis a la Fracción XXX del artículo 28 de la L.I.S.R

Dr. Guillermo Robertson Andrade

Prólogo
Por Pedro Hernández Ordaz
Especialista Fiscal

Es importante cumplir adecuadamente con todas nuestras obligaciones y deberes fiscales; esto en conformidad como lo establece el artículo 31 fracción IV de nuestra constitución. Por ello realizaré un análisis de la evolución y su naturaleza jurídica del propio artículo. En Inglaterra, la Carta Magna es expedida el 15 de junio del año 1215, donde el Rey Juan Sin Tierra se compromete ante los barones ingleses a respetar las libertades individuales, la seguridad personal y la libertad de comercio.

Asimismo, también da su palabra a no recaudar tributos que no sean aprobados por el Consejo. Luego las disposiciones de la Carta Magna son ratificadas en el *"Petition of Rights"* (1), en el año 1628 y éstas a su vez, en el *"Bill of Rights"*(2) en el año 1689.

Posteriormente los emigrantes ingleses trajeron a América, la tradición jurídica del *Common Law* (3). Después, en la *Carta de Virginia* en el año 1776, se incluyó un catálogo de derechos *"Bill of Rights"*, en la que se señalaban los privilegios del gobernado con el poder público; Thomas Jefferson redacta los propósitos de la Declaración de Independencia del 4 de julio de 1776, dos años después; en la Constitución Federal de los Estados Unidos de Norte América, promulgada el 17 de septiembre de 1787, no se señalan las garantías individuales, porque consideraban que era repetir las garantías señaladas en las Cartas de cada una de las colonias. Por lo cual, en el año de 1791 se expiden diez enmiendas a dicha Constitución en donde se incorporan garantías individuales.

Luego tenemos que La Revolución Francesa en el año de 1789, hace que se expida la Declaración de los Derechos del Hombre y del Ciudadano, la cual contiene mandatos de protección a las libertades fundamentales que posteriormente fueron adoptadas por las constituciones modernas.

(1) Documento Constitucional Inglés que establece garantías para los súbditos.
(2) Declaración de Derechos redactado en Inglaterra.
(3) Derivado del sistema aplicado en la Inglaterra medieval, es el derecho creado por decisiones de los tribunales.

La primera Constitución Francesa se expide en 1791, la cual contiene garantías individuales y disposiciones para la organización del Estado Francés; luego entonces tenemos que en España y conjuntamente para todos los territorios bajo la administración del citado país, en 1812 nace la Constitución Política de la Monarquía Española (conocida como la de Cádiz).

Posteriormente ya en México nace nuestra Constitución de 1814, después le sigue la de 1824, además de la de 1857 y por último la Constitución de 1917, siendo ésta última la que es vigente en nuestros días, donde en su artículo 31 fracción IV señala:

Son Obligaciones de los Mexicanos:
...
IV.- Contribuir para los gastos públicos, así de la Federación, como del Distrito Federal o del Estado y Municipio en que residan, de la manera proporcional y equitativa que dispongan las leyes.
...

El artículo 31 Fracción IV Constitucional, nos obliga a contribuir al gasto público bajo los siguientes principios:

De una manera proporcional, (Principio de Proporcionalidad), es decir, de tal manera que paguen un mayor importe tributario aquellos contribuyentes con mayor capacidad contributiva y menor importe aquellos que demuestran tener una menor capacidad contributiva.

De una manera equitativa, (Principio de Equidad), donde principalmente consiste en que la carga tributaria sea repartida justamente, debe ser cobrada por igual a todos los contribuyentes que se encuentren en la misma condición o circunstancia; y a su vez que lo dispongan las leyes (Principio de Legalidad), es decir, que se encuentre establecido o consignado en nuestras leyes. Por otra parte los legisladores se han asegurado de que los mecanismos de defensa con que cuentan los gobernados estén acotados, esto con la intención de que, en las controversias que se den entre quienes son partícipes de la relación tributaria, es decir la autoridad y los contribuyentes, las resoluciones favorezcan a la autoridad, es por ello que el contribuyente debe de conocer las diferentes oportunidades que tiene para manifestar su inconformidad, como es el caso de la presentación del amparo indirecto, el Dr. Guillermo Robertson Andrade, nos muestra en esta obra, el camino de una manera muy sencilla, en como transitar para la defensa de nuestros derechos; el presente trabajo tiene como único propósito servir de apoyo, de manera prioritaria, a los contribuyentes, cualquiera que sea su régimen fiscal al que pertenezca, cuando se reclame la inconstitucionalidad de una ley o de una norma tributaria.

"… concibo por *proporcionalidad fiscal*, el derecho constitucional que todo contribuyente posee en la República Mexicana, a no tener una carga impositiva inadecuada…"

Análisis a la Fracción XXX del artículo 28 de la L.I.S.R

Introducción

Por *proporcionalidad tributaria*, comprendo que es "aquel principio o valor jurídico" mediante el cual, las leyes hacendarias, sólo por mandato constitucional y de acuerdo con la interpretación jurídica; deben establecer una carga impositiva que grave a los contribuyentes. De igual forma comprendo que, esta responsabilidad tributaria, es necesario que sea cumplida primordialmente en función, de la capacidad económica y al costo en las demás cargas fiscales que tenga el contribuyente. De lo contrario, resultaría una ley injusta, desigual e inadecuada.

Así mismo concibo por *proporcionalidad fiscal*, el derecho constitucional que de todo contribuyente posee en la República Mexicana a no tener una carga impositiva inadecuada.

Con lo anterior quiero afirmar que, estas disposiciones afecten físicamente una parte justa y razonable de los ingresos, utilidades o rendimientos obtenidos por cada contribuyente, quien definitivamente debe ser considerado en forma individual por la autoridad hacendaria.

De la misma forma, entiendo que dicha carga impositiva debe ser repartida de manera equilibrada, equitativa y razonable entre todas las fuentes de riqueza existentes y disponibles; todo esto con el fin de que el impacto global de la carga tributaria cumpla con los preceptos y principios constitucionales y jurídicos, a fin de que la misma no sea sostenida por una o varias fuentes en particular.

De la misma manera comprendo que dicha carga impositiva, tiene una relación normativa, directamente proporcional con la situación financiera de la federación, las entidades federativas y los municipios.

Por lo tanto considero que el fin último de la recaudación es para sostener el gasto público y que, dicho gasto público, debe repartirse en forma equitativa, proporcional, justa y razonable entre todos los sujetos pasivos o el total de los causantes.

Por otra parte, el artículo 31, fracción IV, de la Constitución Política de los Estados Unidos Mexicanos, establece que es obligación de los mexicanos, contribuir al gasto público de la manera proporcional y equitativa que dispongan las leyes.

En consecuencia, las leyes tributarias (y específicamente las que establezcan impuestos directos) deben, por mandato constitucional, atender a la capacidad contributiva de los causantes, a fin de que cada uno de ellos tribute cualitativa y cuantitativamente en función de dicha capacidad y, asimismo, afecte fiscalmente una parte justa, proporcional y razonable de la riqueza.

De igual manera, la Suprema Corte de Justicia de la Nación, sostiene que el principio de proporcionalidad tributaria exigido por la Constitución Política de los Estados Unidos Mexicanos, consiste en que los sujetos pasivos de un tributo deben contribuir a los gastos públicos en función de su respectiva capacidad contributiva.

Lo anterior significa que para que un gravamen sea proporcional, se requiere que el hecho imponible del tributo establecido por el Estado, refleje una auténtica manifestación de capacidad económica del sujeto pasivo, entendida ésta como la potencialidad real de contribuir a los gastos públicos. Ante todo lo anterior, durante el presente ensayo pretendo contestar a la siguiente pregunta:

¿La fracción XXX del artículo 28 de la Ley del Impuesto Sobre la Renta realmente cumple con el principio de proporcionalidad que marca la Constitución Política de los Estados Unidos Mexicanos?

Esperando que el presente arroje las luces y conocimientos necesarios para ilustrar a los lectores, es mi deseo contribuir al enriquecimiento del acervo jurídico de los contribuyentes.

"...es importante establecer que la *capacidad económica* del sujeto pasivo está directamente relacionada con su potencialidad real de contribuir los gastos públicos..."

Argumentaciones Generales

Argumentaciones generales

Recapitulando: Como indiqué en la introducción general del presente ensayo, el artículo 31, fracción IV, de la Constitución Política de los Estados Unidos Mexicanos, establece que es deber de los mexicanos, aportar al gasto público de la Federación de manera proporcional y equitativa que dispongan las leyes hacendarias del país.

Asimismo establecí que dicha aportación deberá ser, como lo indica nuestra carta magna, proporcional y sobre la base del ingreso del contribuyente.

Nuestro texto constitucional establece en el citado artículo lo siguiente:

> **CONSTITUCIÓN POLÍTICA DE LOS ESTADOS UNIDOS MEXICANOS**
> **TITULO PRIMERO**
> **CAPITULO II - De los mexicanos**
>
> **ARTÍCULO 31**
> Son obligaciones de los mexicanos:
>
> I.-...
> IV.- Contribuir para los gastos públicos, así de la Federación, como del Distrito Federal o del Estado y Municipio en que residan, de la manera proporcional y equitativa que dispongan las leyes.

Al respecto, la Suprema Corte de Justicia de la Nación ha sostenido que el principio de proporcionalidad implica que los sujetos pasivos de la relación tributaria, deben contribuir a los gastos públicos en función de sus respectivas capacidades, aportando a la Hacienda Pública una parte justa y adecuada de sus ingresos, utilidades o rendimientos.

De esta manera, cada contribuyente será obligado por la ley a aportar sólo una parte razonable de sus percepciones gravables.

En consecuencia, las leyes tributarias (y específicamente las que establezcan impuestos directos) deben, por mandato constitucional, atender a la capacidad contributiva de los causantes, a fin de que cada uno de ellos tribute cualitativa y cuantitativamente en función de dicha capacidad y, asimismo, afecte fiscalmente una parte justa y razonable de la riqueza.

En relación con lo anterior, el Tribunal Pleno de la Suprema Corte de Justicia de la Nación, ha establecido que la capacidad contributiva atiende a la potencialidad de contribuir a los gastos públicos, la cual es atribuida por el legislador al sujeto pasivo del impuesto, concluyendo que resulta necesaria una estrecha relación entre el objeto del impuesto y la unidad de medida (base gravable) a la que se aplica la tasa de la obligación.

De igual forma puedo asegurar que, la capacidad contributiva consiste en la potencialidad real de contribuir a los gastos públicos todo esto sobre la base del siguiente criterio jurisprudencial de la Suprema Corte de la Nación:

Tipo de documento: Jurisprudencia
Novena época
Instancia: Pleno
Fuente: Apéndice 1917-Septiembre 2011
Tomo: Tomo I. Constitucional 3. Derechos Fundamentales Primera Parte - SCJN Vigésima Primera Sección - Principios de justicia tributaria. Página: 1615

CAPACIDAD CONTRIBUTIVA.
CONSISTE EN LA POTENCIALIDAD REAL DE CONTRIBUIR A LOS GASTOS PÚBLICOS.
Esta Suprema Corte de Justicia de la Nación, ha sostenido que el principio de proporcionalidad tributaria exigido por el artículo 31, fracción IV, de la Constitución Política de los Estados Unidos Mexicanos, consiste en que los sujetos pasivos de un tributo deben contribuir a los gastos públicos en función de su respectiva capacidad contributiva. Lo anterior significa que para que un gravamen sea proporcional, se requiere que el hecho imponible del tributo establecido por el Estado, refleje una auténtica manifestación de capacidad económica del sujeto pasivo, entendida ésta como la potencialidad real de contribuir a los gastos públicos. Ahora bien, tomando en consideración que todos los presupuestos de hecho de los impuestos deben tener una naturaleza económica en forma de una situación o de un movimiento de riqueza y que las consecuencias tributarias son medidas en función de esta riqueza, debe concluirse que es necesaria una estrecha relación entre el hecho imponible y la base gravable a la que se aplica la tasa o tarifa del impuesto.
Amparo en revisión 1113/95. — Servitam de México, S.A. de C.V. — 9 de noviembre de 1995. —Unanimidad de diez votos. — Ausente: Genaro David Góngora Pimentel. —Ponente: Sergio Salvador Aguirre Anguiano. —Secretaria: Luz Cueto Martínez.
Amparo en revisión 2945/97. —Inmobiliaria Hotelera El Presidente Chapultepec, S.A. de C.V. —4 de febrero de 1999. —Unanimidad de nueve votos. —Ausentes: Guillermo I. Ortiz Mayagoitia y Humberto Román Palacios. —Ponente: Humberto Román Palacios; en su ausencia hizo suyo el proyecto Juan N. Silva Meza. —Secretario: Tereso Ramos Hernández.
Amparo en revisión 2269/98. —Arrendamientos Comerciales de la Frontera, S.A. de C.V. —4 de febrero de 1999. —Unanimidad de nueve votos. —Ausentes: Guillermo I. Ortiz Mayagoitia y

Humberto Román Palacios. —Ponente: Mariano Azuela Güitrón. —Secretaria: Lourdes Ferrer Mac Gregor Poisot.
Amparo en revisión 69/98. —Hotelera Inmobiliaria de Monclova, S.A. de C.V. —4 de febrero de 1999. —Mayoría de ocho votos. —Ausentes: Guillermo I. Ortiz Mayagoitia y Humberto Román Palacios. —Disidente: Sergio Salvador Aguirre Anguiano. —Ponente: José Vicente Aguinaco Alemán. — Secretario: Andrés Pérez Lozano.
Amparo en revisión 2482/96. —Inmobiliaria Bulevares, S.C. y COAGS. —9 de febrero de 1999. —Unanimidad de ocho votos. —Ausentes: José Vicente Aguinaco Alemán, Guillermo I. Ortiz Mayagoitia y Humberto Román Palacios. —Ponente: Juan Díaz Romero. —Secretario: José Luis González.
El Tribunal Pleno, en su sesión privada celebrada el veintiséis de octubre en curso, aprobó, con el número 109/1999, la tesis jurisprudencial que antecede. —México, Distrito Federal, a veintiséis de octubre de mil novecientos noventa y nueve.
Semanario Judicial de la Federación y su Gaceta, Novena Época, Tomo X, noviembre de 1999, página 22, Pleno, tesis P. /J. 109/99; véase ejecutoria en el Semanario Judicial de la Federación y su Gaceta, Novena Época, Tomo XI, abril de 2000, página 338.
Apéndice 1917-2000, Tomo I, Materia Constitucional, Jurisprudencia, Suprema Corte de Justicia de la Nación, página 163, Pleno, tesis 129.

En este tenor, es importante señalar que, para analizar la proporcionalidad de un impuesto, debe atenderse a los términos en que se realiza el respectivo hecho imponible, tomando en cuenta su naturaleza, es decir, si grava una manifestación general de la riqueza de los gobernados; ante todo lo anterior y tomando en cuenta que, para que se respete el principio de proporcionalidad, es de lo sumo necesario que el hecho imponible del tributo, refleje una auténtica manifestación de capacidad económica del sujeto pasivo.

Así también es importante establecer que la capacidad económica del sujeto pasivo está directamente relacionada con su potencialidad real de contribuir los gastos públicos, de manera que es necesaria una estrecha relación entre el hecho imponible y la base gravable a la que se aplica la tasa o tarifa del impuesto.

"...el impuesto sobre la renta se determina considerando como base la utilidad fiscal..."

Objeto del I.S.R.

Objeto del I.S.R

Es preciso señalar que tratándose del impuesto sobre la renta, el indicador de capacidad contributiva a que atendió el legislador, lo constituye la obtención de ingresos que representen una renta o incremento en el haber patrimonial de los contribuyentes.

La Suprema Corte de Justicia de la Nación ha establecido que el impuesto sobre la renta se genera operación tras operación, en la medida en la que se produce el ingreso.

Los ingresos constituyen todo aquello que se percibe como un aumento al patrimonio; además, es una percepción obtenida mediante el esfuerzo y que puede consistir en dos que a continuación menciono:

- Ingresos pasivos como los rendimientos de capital.
- Por los ingresos en activos, ya sea en trabajo intelectual o material desarrollado, o en la combinación de ambos.

En ese sentido se ha abocado la Segunda Sala de la Suprema Corte de Justicia de la Nación al confeccionar el siguiente criterio jurisprudencial:

Tipo de documento: Tesis aislada

Novena época
Instancia: Segunda Sala
Fuente: Semanario Judicial de la Federación y su Gaceta
Tomo: XIV, Agosto de 2001 Página: 247

RENTA. PARA ABORDAR EL ESTUDIO DE LA PROPORCIONALIDAD Y EQUIDAD DE LAS DISPOSICIONES DE LA LEY DEL IMPUESTO RELATIVO, DEBE TENERSE PRESENTE QUE LA CAPACIDAD CONTRIBUTIVA DE LOS GOBERNADOS NO SE DETERMINA ÚNICAMENTE POR LA CUANTÍA EN QUE AQUÉLLA SE OBTIENE, SINO TAMBIÉN POR LA FUENTE DE LA QUE PROVIENE O, INCLUSO, POR LAS CIRCUNSTANCIAS QUE RODEAN SU GENERACIÓN.

Conforme a la jurisprudencia de esta Suprema Corte de Justicia de la Nación, para analizar la proporcionalidad y equidad de un impuesto debe verificarse, en principio, en qué términos se realiza el respectivo hecho imponible, tomando en cuenta su naturaleza, es decir, si grava una manifestación general de la riqueza de los gobernados, o bien, si recae sobre una manifestación aislada de ésta; asimismo, si los respectivos contribuyentes, al ubicarse en la hipótesis de hecho que genera

la obligación tributaria, lo hacen en las mismas circunstancias o en diversas que ameriten un trato desigual.
En ese contexto, tratándose del impuesto sobre la renta, que recae sobre una manifestación general de riqueza, debe tenerse presente que la capacidad contributiva de los gobernados no se determina únicamente por la cuantía de la renta obtenida, sino también por la fuente de la que proviene ésta (capital o trabajo) o, incluso, por las especiales circunstancias que rodean su obtención; de ahí que el legislador puede válidamente establecer diversas categorías de causantes, a los que conferirá un tratamiento diverso atendiendo a las circunstancias objetivas que reflejen una diferente capacidad contributiva, por lo que para determinar si el trato desigual, que se da a las diferentes categorías de contribuyentes del citado impuesto es proporcional y equitativo, debe verificarse si las circunstancias que distinguen a un grupo de otros reflejan una diversa capacidad contributiva y si con tal distinción se grava en mayor medida a los que, por esas situaciones de hecho, manifiestan en mayor grado esa capacidad.
Amparo en revisión 970/99. Othón Ruiz Montemayor. 27 de abril de 2001. Cinco votos. Ponente: Guillermo I. Ortiz Mayagoitia. Secretario: Rafael Coello Cetina.
Amparo en revisión 738/2000. Ernesto Pérez Charles. 27 de abril de 2001. Cinco votos. Ponente: Sergio Salvador Aguirre Anguiano. Secretaria: Alma Delia Aguilar Chávez Nava.

En este mismo orden de ideas y de acuerdo con el artículo 16 de la Ley del Impuesto Sobre la Renta, los ingresos serán aquellos que perciban las personas, ya sea en efectivo, en bienes, en

servicios, en crédito o de cualquier otro tipo que obtengan en el ejercicio, inclusive los provenientes de sus establecimientos permanentes en el extranjero, así como el ajuste anual por inflación; tengo a bien citar el referido artículo:

> LEY DEL IMPUESTO SOBRE LA RENTA
> TÍTULO II - De las personas morales
> CAPÍTULO I - De los ingresos

ARTÍCULO 16
Las personas morales residentes en el país, incluida la asociación en participación, acumularán la totalidad de los ingresos en efectivo, en bienes, en servicio, en crédito o de cualquier otro tipo, que obtengan en el ejercicio, inclusive los provenientes de sus establecimientos en el extranjero. El ajuste anual por inflación acumulable es el ingreso que obtienen los contribuyentes por la disminución real de sus deudas.

Por otra parte, es importante aclarar que, para los efectos del artículo 16 de la L.I.S.R., no se consideran ingresos los siguientes:

Los que obtenga el contribuyente por aumento de capital, por pago de la pérdida por sus accionistas, por primas obtenidas por la colocación de acciones que emita la propia sociedad o por utilizar para evaluar sus acciones el método de participación ni los que obtengan con motivo de la revaluación de sus activos y de su capital.

Las personas morales residentes en el extranjero, así como cualquier entidad que se considere como persona moral para efectos impositivos en su país, que tengan uno o varios establecimientos permanentes en el país, acumularán la totalidad de los ingresos atribuibles a los mismos.

No se considerará ingreso atribuible a un establecimiento permanente la simple remesa que obtenga de la oficina central de la persona moral o de otro establecimiento de ésta.

No serán acumulables para los contribuyentes de este Título, los ingresos por dividendos o utilidades que perciban de otras personas morales residentes en México.

Las anteriores consideraciones encuentran sustento en la jurisprudencia emitida por el Pleno de la Suprema Corte de Justicia de la Nación:

> Tipo de documento: Jurisprudencia
> Novena época
> Instancia: Pleno
> Fuente: Apéndice 1917-Septiembre 2011
> Tomo: Tomo IV. Administrativa Primera Parte - SCJN Segunda Sección – Fiscal Página: 604

RENTA. SOCIEDADES MERCANTILES. OBJETO Y MOMENTO EN QUE SE GENERA EL IMPUESTO.

De conformidad con el artículo 1o. de la Ley del Impuesto sobre la Renta, el objeto de este impuesto está constituido por los ingresos y no por las utilidades que tengan los sujetos pasivos del mismo. La obligación tributaria a cargo de éstos nace en el momento mismo en que se obtienen los ingresos, bien sea en efectivo, en bienes, en servicios o en crédito, como lo establece el artículo 15 del mismo ordenamiento, y no hasta que al

término del ejercicio fiscal se determina que hubo utilidades. No es óbice para esta conclusión el hecho de que sean las utilidades las que constituyen la base a la que habrá de aplicarse la tarifa de acuerdo con la cual se determinará el impuesto, así como tampoco la circunstancia de que aun cuando haya ingresos, si no hay utilidades, no se cubrirá impuesto alguno, pues en este caso debe entenderse que esos ingresos que, sujetos a las deducciones establecidas por la ley, no produjeron utilidades, están desgravados, y lo que es más, que esa pérdida fiscal sufrida en un ejercicio fiscal, será motivo de compensación en ejercicio posterior. No es cierto pues, que el impuesto sobre la renta se causa anualmente, ya que, como se dijo, éste se va causando operación tras operación en la medida en que se vayan obteniendo los ingresos; por ende, no es cierto tampoco, que al realizar pagos provisionales a cuenta del impuesto, se esté enterando un tributo no causado y que ni siquiera se sabe si se va a causar. El impuesto se ha generado, se va causando operación tras operación, ingreso tras ingreso, y el hecho de que, de conformidad con el artículo 10 de la ley en comento, sea hasta el fin del ejercicio fiscal cuando se haga el cómputo de los ingresos acumulables, y se resten a éstos las deducciones permitidas por la ley, para determinar una utilidad fiscal que va a constituir la base (no el objeto), a la que se habrá de aplicar la tarifa que la misma ley señala, para obtener así el impuesto definitivo a pagar, no implica que dicha utilidad sea el objeto del impuesto y que éste no se hubiese generado con anterioridad.
Amparo en revisión 8456/87. —Tecnologías Unidas, S.A. —3 de mayo de 1988. —Mayoría de dieciocho votos. —Ponente: Victoria Adato Green. —Secretario: Raúl Melgoza Figueroa.

Amparo en revisión 6003/87. —Impulsora de Lubricantes Automotrices e Industriales, S.A. de C.V. —10 de noviembre de 1988. —Unanimidad de dieciséis votos. —Ponente: Mariano

Azuela Güitrón. —Secretaria: María Estela Ferrer Mac Gregory Poisot.

Amparo en revisión 1489/88. —Val-Mart Cosméticos, S.A. de C.V. —15 de junio de 1989. —Unanimidad de diecisiete votos. —Ponente: Felipe López Contreras. —Secretario: Jorge Fermín Rivera Quintana.

Amparo en revisión 6966/87. —Deltra, S.A. y otros. — 15 de junio de 1989. —Unanimidad de diecisiete votos. —Ponente: Fausta Moreno Flores. —Secretario: Guillermo Cruz García.

Amparo en revisión 1628/88. — Vidrio Neutro, S.A. y otros. —4 de junio de 1996. —Unanimidad de diez votos. —Ponente: Genaro David Góngora Pimentel. —Secretario: Víctor Francisco Mota Cienfuegos.

El Tribunal Pleno, en su sesión privada celebrada el veintitrés de septiembre en curso, aprobó, con el número 52/1996, la tesis de jurisprudencia que antecede. —México, Distrito Federal, a veintitrés de septiembre de mil novecientos noventa y seis.

Semanario Judicial de la Federación y su Gaceta, Novena Época, Tomo IV, octubre de 1996, página 101, Pleno, tesis P. /J. 52/96; véase ejecutoria en el Semanario Judicial de la Federación y su Gaceta, Novena Época, Tomo IV, octubre de 1996, página 103.

Apéndice 1917-2000, Tomo III, Materia Administrativa, Jurisprudencia, Suprema Corte de Justicia de la Nación, página 350, Pleno, tesis 330.

Asimismo, el artículo 9, fracción I, de la Ley del Impuesto sobre la Renta, determina qué debe entenderse por utilidad y, específicamente, por utilidad fiscal, a saber: la que se obtiene restando a los ingresos acumulables, las deducciones autorizadas por la legislación aplicable.

A continuación tengo a bien trascribir el artículo referido, no sin antes afirmar que la ley es clara en su texto cuando hace referencia a lo que debe entenderse por *utilidad fiscal*; término que no debe confundirse con otros similares.

Como pueden ser:

➤ Utilidad general
➤ Utilidad contable
➤ Utilidad neta

LEY DEL IMPUESTO SOBRE LA RENTA
TÍTULO II - De las personas morales
DISPOSICIONES GENERALES

ARTÍCULO 9
Las personas morales deberán calcular el impuesto sobre la renta, aplicando al resultado fiscal obtenido en el ejercicio la tasa del 30%.
El resultado fiscal del ejercicio se determinará como sigue:
I. Se obtendrá la utilidad fiscal disminuyendo de la totalidad de los ingresos acumulables obtenidos en el ejercicio, las deducciones autorizadas por este Título y la participación de los trabajadores en las utilidades de las empresas pagada en el ejercicio, en los términos del artículo 123 de la Constitución Política de los Estados Unidos Mexicanos.

Es importante aclarar que, desde el punto de vista económico, *"utilidad"* significa el rendimiento que queda en poder del productor, después de que éste haya deducido de los ingresos, el costo de los materiales empleados, los salarios, las rentas, los intereses normales del capital propio o ajeno y una cantidad suficiente para cubrir cualquier riesgo.

Sobre este último tópico, es importante asegurar que es necesaria su deducibilidad puesto que toda empresa tiene peligro de una pérdida, especialmente cuando desembolsa de antemano el importe de los costos de producción y corre peligro de no reembolsarlos íntegramente en el precio y en la venta.

En ese contexto si bien el objeto del impuesto lo constituyen los ingresos percibidos, el impuesto sobre la renta se determina considerando como base la utilidad fiscal, lo cual implica que el ingreso bruto debe ser atemperado con conceptos que se traduzcan en una merma al patrimonio, es decir, con las deducciones.

De tal manera, que la base del impuesto sea la ganancia que resulte de la obtención de ingresos en efectivo, en bienes, en servicios, en crédito o de cualquier otro tipo –de acuerdo con lo establecido en el artículo 16 del ordenamiento referido–, que modifiquen el patrimonio del contribuyente, mediante un impacto positivo en este, menos las deducciones que mermen el patrimonio.

En ese contexto, la unidad de medida del impuesto sobre la renta lo constituye el impacto patrimonial positivo apreciable en el gobernado, el cual sólo puede evidenciarse en términos reales si se considera, no sólo el ingreso bruto generado aisladamente, sino la utilidad real, obtenida mediante la consideración conjunta del ingreso y de las cantidades erogadas como costo de generación del ingreso.

Consecuentemente, la disminución de ciertos conceptos deducibles, aplicada a los ingresos percibidos por el causante, permite la determinación de una utilidad, es decir, de un ingreso neto, debiendo apreciarse que la proporcionalidad, en esta contribución, se respeta en la medida en la que los causantes se vean conminados a efectuar enteros que atiendan a su efectiva capacidad contributiva para resentir las cargas tributarias, siendo claro que el gravamen correspondiente debe determinarse considerando una utilidad real, y no una que no corresponda a dicha capacidad.

Desde el punto de vista constitucional, la exigencia de ajustar las cargas tributarias a la capacidad de los causantes demanda la adecuación a ciertos parámetros, de tal suerte que no todos los ingresos manifestarán la idoneidad de la persona para concurrir al levantamiento de las cargas públicas y, correlativamente, no todas las erogaciones tienen trascendencia en la medida de la capacidad contributiva, lo cual puede obedecer a razones de carácter económico, jurídico y/o social.

En ese sentido, no todos los conceptos que impacten negativamente, el legislador tiene que reconocerlos como deducibles, sino sólo aquellos que impliquen salvaguardar la capacidad contributiva idónea para concurrir al sostenimiento de los gastos públicos, esto es, los que se identifiquen con la renta neta de los causantes.

..."Es importante reiterar que ningún desembolso efectuado por motivo personal es deducible, sea por su origen, por su propósito o por su efecto..."

Deducciones

Deducciones

La legislación aplicable considera como deducciones vinculadas a la utilidad, aquellas que se autorizan como costo de producir el ingreso, es decir, las deducciones cuya aplicación es demandada por la lógica del impuesto.

La propia lógica del gravamen determina que, tradicionalmente, las erogaciones no vinculadas a los costos de producción del ingreso, no deben ser consideradas como deducibles; una primera y básica distinción para determinar los conceptos que no deben ser considerados deducibles, es aquella que permite excluir de dicho carácter a los desembolsos efectuados con motivo de consumo personal.

Es importante reiterar que ningún desembolso efectuado por motivo personal es deducible, sea por su origen, por su propósito o por su efecto, con excepción, claro está, de aquellos casos donde el legislador así lo permite, por consideración a la propia situación de los causantes.

Como acontece con las deducciones personales de las personas físicas, el mínimo vital o cualquier otro; o por las circunstancias relacionadas con ciertos fines específicos que podría perseguir la erogación -como acontece con la deducción de donativos autorizada por la legislación aplicable-.

Generalmente, un desembolso será deducible si está íntima o causalmente relacionado con la intención de producir ingreso, o bien, si es común en la industria o si parece lógicamente diseñado para aumentar o preservar un flujo en la generación de ingresos; verbigracia: La renta de un local comercial.

Sobre la base de todo esto, es posible apreciar diversas clases de erogaciones que tradicionalmente serán consideradas deducibles, en los términos de la normatividad aplicable, como son las efectuadas para la producción o recolección del ingreso, o bien, las erogaciones efectuadas para la administración, conservación o mantenimiento de las propiedades adquiridas para la producción de ingreso.

En este sentido, debe reiterarse que la mecánica del impuesto sobre la renta, según se desprende del artículo 9 de la normatividad respectiva transcrito en párrafos anteriores, reconoce la necesidad de que el gravamen atienda, no sólo al ingreso bruto, sino a una utilidad o ganancia, es decir, a un ingreso neto, obtenido mediante la disminución de las deducciones autorizadas, como son las encaminadas a producir ingreso.

Por tanto, en los términos de dicho numeral, la disminución de ciertos conceptos deducibles, aplicada a los ingresos percibidos por el causante, permite la determinación de una auténtica utilidad, es decir, de un ingreso neto.

Pero también, por mandato constitucional, debe apreciarse que la proporcionalidad que tienen que observar las contribuciones, solo se satisface en la medida en la que los causantes se vean conminados a efectuar enteros que atiendan a su efectiva capacidad contributiva; es decir: para el caso de impuestos directos, que atiendan al referido nivel de ingresos netos, pues sólo éste permite determinar la capacidad que tiene el contribuyente para resentir las cargas tributarias, siendo claro que el gravamen correspondiente, como se ha destacado, debe determinarse considerando una utilidad real y no una que no corresponda a dicha capacidad.

Sólo en las condiciones descritas se otorga una aplicación eficaz a la garantía constitucional de proporcionalidad tributaria, es decir, mediante el establecimiento de gravámenes que atiendan a la auténtica capacidad contributiva del causante, como acontece con un impuesto directo que finalmente se determina atendiendo a las utilidades reales generadas para el contribuyente.

En el contexto descrito, resulta por demás trascendente tomar en cuenta una distinción básica para la resolución de la problemática planteada, vinculada con el tipo de erogaciones que puede efectuar una empresa: por una parte, las necesarias o indispensables para la generación del ingreso, realizadas precisamente con dicha finalidad como propósito - mismas que, en principio, deben ser reconocidas por el legislador como deducibles-; y, por la otra, las que se efectúan sin dicha vinculación causal con los fines de la empresa -las cuales, en todo caso, pueden eventualmente dar lugar a una deducción, en caso de que la misma sea otorgada por el propio creador de la norma-.

A fin de atender a los requisitos que determinan el carácter deducible de algún concepto -y, por ende, su inclusión en cualquiera de los dos grupos a los que se ha hecho referencia-, resulta necesario apegarse a un criterio por demás objetivo, dado el alcance tan genérico en su interpretación, recurriendo a algunos otros elementos como son los siguientes:

a. La justificación de las erogaciones por considerarse necesarias;
b. La identificación de las mismas con los fines de la negociación;

c. La relación que guardan los conceptos de deducción con las actividades normales y propias del contribuyente;
d. La frecuencia con la que se suceden determinados desembolsos y la cuantificación de los mismos.

Ahora, debe tomarse en cuenta que en el sistema tributario mexicano no todos los ingresos, ni todos los gastos y pérdidas se toman en consideración como parámetro para apreciar la riqueza de un contribuyente y, por tanto, para determinar la capacidad que tiene una persona para contribuir al gasto público. En efecto, como ya se precisó en párrafos precedentes, a la luz de la Constitución Política de los Estados Unidos Mexicanos, no todos los ingresos manifestarán la idoneidad de la persona para concurrir al levantamiento de las cargas públicas y, correlativamente, no todas las erogaciones tienen trascendencia en la medida de la capacidad contributiva.

Entonces, como también se ha apuntado en los parágrafos precedentes, la indispensabilidad en las erogaciones constituye el principio rector de las deducciones -y, de hecho, es el criterio que permite distinguir entre aquéllas que el legislador debe reconocer en la determinación de la capacidad contributiva que justifica la concurrencia del causante para el sostenimiento de los gastos públicos-, ante la evidente necesidad de realizar determinadas erogaciones como medio, tanto para la consecución de los fines de la empresa, como para la generación de los ingresos -que, a su vez, justifican la contribución al levantamiento de las cargas públicas-.

Lo anterior, básicamente es reconocido en el artículo 27, fracción I, de la Ley del Impuesto Sobre la Renta, del cual se desprende que las personas morales que tributan, en los términos del título II de la Ley del Impuesto sobre la Renta, tengan la posibilidad de deducir, entre otros conceptos, los gastos estrictamente indispensables para los fines de la actividad del contribuyente.

A continuación el texto íntegro del referido artículo, con el fin de que quede claro, cuales son los criterios legales sobre las deducciones.

LEY DEL IMPUESTO SOBRE LA RENTA
TÍTULO II - De las personas morales
CAPÍTULO II - De las deducciones
SECCIÓN I - De las deducciones en general

ARTÍCULO 27
Las deducciones autorizadas en este Título deberán reunir los siguientes requisitos:

I. Ser estrictamente indispensables para los fines de la actividad del contribuyente, salvo que se trate de donativos no onerosos ni remunerativos, que satisfagan los requisitos previstos en esta Ley y en las reglas generales que para el efecto establezca el Servicio de Administración Tributaria y que se otorguen en los siguientes casos:
a) A la Federación, entidades federativas o municipios, sus organismos descentralizados que tributen conforme al Título III de la presente Ley, así como a los organismos

internacionales de los que México sea miembro de pleno derecho, siempre que los fines para los que dichos organismos fueron creados correspondan a las actividades por las que se puede obtener autorización para recibir donativos deducibles de impuestos.
b) A las entidades a las que se refiere el artículo 82 de esta Ley.
c) A las personas morales a que se refieren los artículos 79, fracción XIX y 82 de esta Ley.
d) A las personas morales a las que se refieren las fracciones VI, X, XI, XX, y XXV del artículo 79 de esta Ley y que cumplan con los requisitos establecidos en el artículo 82 de la misma Ley.
e) A las asociaciones y sociedades civiles que otorguen becas y cumplan con los requisitos del artículo 83 de esta Ley.
f) A programas de escuela empresa.
El Servicio de Administración Tributaria publicará en el Diario Oficial de la Federación y dará a conocer en su página electrónica de Internet los datos de las instituciones a que se refieren los incisos b), c), d) y e) de esta fracción que reúnan los requisitos antes señalados.
Tratándose de donativos otorgados a instituciones de enseñanza autorizadas para recibir donativos del Título III de esta Ley, los mismos serán deducibles siempre que sean establecimientos públicos o de propiedad de particulares que tengan autorización o reconocimiento de validez oficial de estudios en los términos de la Ley General de Educación, se destinen a la adquisición de bienes de inversión, a la investigación científica o al desarrollo de tecnología, así como a gastos de administración hasta por el monto, en este último caso, que señale el Reglamento de esta Ley, se trate de donaciones no onerosas ni remunerativas y siempre que

dichas instituciones no hayan distribuido remanentes a sus socios o integrantes en los últimos cinco años.

El monto total de los donativos a que se refiere esta fracción será deducible hasta por una cantidad que no exceda del 7% de la utilidad fiscal obtenida por el contribuyente en el ejercicio inmediato anterior a aquél en el que se efectúe la deducción. Cuando se realicen donativos a favor de la Federación, de las entidades federativas, de los municipios, o de sus organismos descentralizados, el monto deducible no podrá exceder del 4% de la utilidad fiscal a que se refiere este párrafo, sin que en ningún caso el límite de la deducción total, considerando estos donativos y los realizados a donatarias autorizadas distintas, exceda del 7% citado.

II. Que cuando esta Ley permita la deducción de inversiones se proceda en los términos de la Sección II de este Capítulo.

III. Estar amparadas con un comprobante fiscal y que los pagos cuyo monto exceda de $2,000.00 se efectúen mediante transferencia electrónica de fondos desde cuentas abiertas a nombre del contribuyente en instituciones que componen el sistema financiero y las entidades que para tal efecto autorice el Banco de México; cheque nominativo de la cuenta del contribuyente, tarjeta de crédito, de débito, de servicios, o los denominados monederos electrónicos autorizados por el Servicio de Administración Tributaria.

Tratándose de la adquisición de combustibles para vehículos marítimos, aéreos y terrestres, el pago deberá efectuarse en la forma señalada en el párrafo anterior, aun cuando la contraprestación de dicha adquisición no exceda de $2,000.00.

Las autoridades fiscales podrán liberar de la obligación de pagar las erogaciones a través de los medios establecidos en el primer párrafo de esta fracción, cuando las mismas se efectúen en poblaciones o en zonas rurales, sin servicios financieros.

Los pagos que se efectúen mediante cheque nominativo, deberán contener la clave en el registro federal de contribuyentes de quien lo expide, así como en el anverso del mismo la expresión "para abono en cuenta del beneficiario".

IV. Estar debidamente registradas en contabilidad y que sean restadas una sola vez.

V. Cumplir con las obligaciones establecidas en esta Ley en materia de retención y entero de impuestos a cargo de terceros o que, en su caso, se recabe de éstos copia de los documentos en que conste el pago de dichos impuestos.

Tratándose de pagos al extranjero, éstos sólo se podrán deducir siempre que el contribuyente proporcione la información a que esté obligado en los términos del artículo 76 de esta Ley.

Los pagos que a la vez sean ingresos en los términos del Capítulo I del Título IV, de esta Ley, se podrán deducir siempre que las erogaciones por concepto de remuneración, las retenciones correspondientes y las deducciones del impuesto local por salarios y, en general, por la prestación de un servicio personal independiente, consten en comprobantes fiscales emitidos en términos del Código Fiscal de la Federación y se cumpla con las obligaciones a que se refiere el artículo 99, fracciones I, II, III y V de la presente Ley, así como las disposiciones que, en su caso, regulen el subsidio para el empleo y los contribuyentes cumplan con la obligación de inscribir a los trabajadores en el Instituto Mexicano del Seguro

Social cuando estén obligados a ello, en los términos de las leyes de seguridad social.

VI. Que cuando los pagos cuya deducción se pretenda realizar se hagan a contribuyentes que causen el impuesto al valor agregado, dicho impuesto se traslade en forma expresa y por separado en el comprobante fiscal correspondiente.

En los casos en los que las disposiciones fiscales establezcan la obligación de adherir marbetes o precintos en los envases y recipientes que contengan los productos que se adquieran, la deducción a que se refiere la fracción II del artículo 25 de esta Ley, sólo podrá efectuarse cuando dichos productos tengan adherido el marbete o precinto correspondiente.

VII. Que en el caso de intereses por capitales tomados en préstamo, éstos se hayan invertido en los fines del negocio. Cuando el contribuyente otorgue préstamos a terceros, a sus trabajadores o a sus funcionarios, o a sus socios o accionistas, sólo serán deducibles los intereses que se devenguen de capitales tomados en préstamos hasta por el monto de la tasa más baja de los intereses estipulados en los préstamos a terceros, a sus trabajadores o a sus socios o accionistas, en la porción del préstamo que se hubiera hecho a éstos y expida y entregue comprobante fiscal a quienes haya otorgado el préstamo; los cuales podrán utilizarse como constancia de recibo si en alguna de estas operaciones no se estipularan intereses, no procederá la deducción respecto al monto proporcional de los préstamos hechos a las personas citadas. Estas últimas limitaciones no rigen para instituciones de crédito, sociedades financieras de objeto limitado u organizaciones auxiliares del crédito, en la realización de las operaciones propias de su objeto.

En el caso de capitales tomados en préstamo para la adquisición de inversiones o para la realización de gastos o cuando las inversiones o los gastos se efectúen a crédito, y para los efectos de esta Ley dichas inversiones o gastos no sean deducibles o lo sean parcialmente, los intereses que se deriven de los capitales tomados en préstamo o de las operaciones a crédito, sólo serán deducibles en la misma proporción en la que las inversiones o gastos lo sean.

Tratándose de los intereses derivados de los préstamos a que se refiere la fracción III del artículo 143 de la presente Ley, éstos se deducirán hasta que se paguen en efectivo, en bienes o en servicios.

VIII. Que tratándose de pagos que a su vez sean ingresos de contribuyentes personas físicas, de los contribuyentes a que se refieren los artículos 72 y 73 de esta Ley, así como de aquéllos realizados a los contribuyentes a que hace referencia el último párrafo de la fracción I del artículo 17 de esta Ley y de los donativos, éstos sólo se deduzcan cuando hayan sido efectivamente erogados en el ejercicio de que se trate, se entenderán como efectivamente erogados cuando hayan sido pagados en efectivo, mediante transferencias electrónicas de fondos desde cuentas abiertas a nombre del contribuyente en instituciones que componen el sistema financiero y las entidades que para tal efecto autorice el Banco de México; o en otros bienes que no sean títulos de crédito.

Tratándose de pagos con cheque, se considerará efectivamente erogado en la fecha en la que el mismo haya sido cobrado o cuando los contribuyentes transmitan los cheques a un tercero, excepto cuando dicha transmisión sea en procuración. También se entiende que es efectivamente erogado cuando el interés del acreedor queda satisfecho mediante cualquier forma de extinción de las obligaciones.

Cuando los pagos a que se refiere el párrafo anterior se efectúen con cheque, la deducción se efectuará en el ejercicio en que éste se cobre, siempre que entre la fecha consignada en el comprobante fiscal que se haya expedido y la fecha en que efectivamente se cobre dicho cheque no hayan transcurrido más de cuatro meses, excepto cuando ambas fechas correspondan al mismo ejercicio.

IX. Que tratándose de honorarios o gratificaciones a administradores, comisarios, directores, gerentes generales o miembros del consejo directivo, de vigilancia, consultivos o de cualquiera otra índole, éstos se determinen, en cuanto a monto total y percepción mensual o por asistencia, afectando en la misma forma los resultados del contribuyente y satisfagan los supuestos siguientes:

a) Que el importe anual establecido para cada persona no sea superior al sueldo anual devengado por el funcionario de mayor jerarquía de la sociedad.

b) Que el importe total de los honorarios o gratificaciones establecidos, no sea superior al monto de los sueldos y salarios anuales devengados por el personal del contribuyente.

c) Que no excedan del 10% del monto total de las otras deducciones del ejercicio.

X. Que en los casos de asistencia técnica, de transferencia de tecnología o de regalías, se compruebe ante las autoridades fiscales que quien proporciona los conocimientos, cuenta con elementos técnicos propios para ello; que se preste en forma directa y no a través de terceros, excepto en los casos en que los pagos se hagan a residentes en México, y en el contrato respectivo se haya pactado que la prestación se efectuará por un tercero autorizado; y que no consista en la simple posibilidad de obtenerla, sino en servicios que efectivamente se lleven a cabo.

XI. Que cuando se trate de gastos de previsión social, las prestaciones correspondientes se otorguen en forma general en beneficio de todos los trabajadores. Tratándose de vales de despensa otorgados a los trabajadores, serán deducibles siempre que su entrega se realice a través de los monederos electrónicos que al efecto autorice el Servicio de Administración Tributaria.

Para los efectos del párrafo anterior, tratándose de trabajadores sindicalizados se considera que las prestaciones de previsión social se otorgan de manera general cuando las mismas se establecen de acuerdo a los contratos colectivos de trabajo o contratos ley.

Cuando una persona moral tenga dos o más sindicatos, se considera que las prestaciones de previsión social se otorgan de manera general siempre que se otorguen de acuerdo con los contratos colectivos de trabajo o contratos ley y sean las mismas para todos los trabajadores del mismo sindicato, aun cuando éstas sean distintas en relación con las otorgadas a los trabajadores de otros sindicatos de la propia persona moral, de acuerdo con sus contratos colectivos de trabajo o contratos ley.

Tratándose de trabajadores no sindicalizados, se considera que las prestaciones de previsión social son generales cuando se otorguen las mismas prestaciones a todos ellos y siempre que las erogaciones deducibles que se efectúen por este concepto, excluidas las aportaciones de seguridad social, sean en promedio aritmético por cada trabajador no sindicalizado, en un monto igual o menor que las erogaciones deducibles por el mismo concepto, excluidas las aportaciones de seguridad social, efectuadas por cada trabajador sindicalizado. A falta de trabajadores sindicalizados, se cumple con lo establecido en este párrafo cuando se esté a lo dispuesto en el último párrafo de esta fracción.

En el caso de las aportaciones a los fondos de ahorro, éstas sólo serán deducibles cuando, además de ser generales en los términos de los tres párrafos anteriores, el monto de las aportaciones efectuadas por el contribuyente sea igual al monto aportado por los trabajadores, la aportación del contribuyente no exceda del trece por ciento del salario del trabajador, sin que en ningún caso dicha aportación exceda del monto equivalente de 1.3 veces el salario mínimo general del área geográfica que corresponda al trabajador, elevado al año y siempre que se cumplan los requisitos de permanencia que se establezcan en el Reglamento de esta Ley.

Los pagos de primas de seguros de vida que se otorguen en beneficio de los trabajadores, serán deducibles sólo cuando los beneficios de dichos seguros cubran la muerte del titular o en los casos de invalidez o incapacidad del titular para realizar un trabajo personal remunerado de conformidad con las leyes de seguridad social, que se entreguen como pago único o en las parcialidades que al efecto acuerden las partes. Serán deducibles los pagos de primas de seguros de gastos médicos que efectúe el contribuyente en beneficio de los trabajadores.

Tratándose de las prestaciones de previsión social a que se refiere el párrafo anterior, se considera que éstas son generales cuando sean las mismas para todos los trabajadores de un mismo sindicato o para todos los trabajadores no sindicalizados, aun cuando dichas prestaciones sólo se otorguen a los trabajadores sindicalizados o a los trabajadores no sindicalizados.

Asimismo, las erogaciones realizadas por concepto de primas de seguros de vida y de gastos médicos y las aportaciones a los fondos de ahorro y a los fondos de pensiones y jubilaciones complementarias a los que establece la Ley del Seguro Social a que se refiere el artículo 29 de esta Ley, no se considerarán para determinar el promedio aritmético a que se refiere el cuarto párrafo de esta fracción.

El monto de las prestaciones de previsión social deducibles otorgadas a los trabajadores no sindicalizados, excluidas las aportaciones de seguridad social, las aportaciones a los fondos de ahorro, a los fondos de pensiones y jubilaciones complementarias a los que establece la Ley del Seguro Social a que se refiere el artículo 29 de esta Ley, las erogaciones realizadas por concepto de gastos médicos y primas de seguros de vida, no podrá exceder de diez veces el salario mínimo general del área geográfica que corresponda al trabajador, elevado al año.

XII. Que los pagos de primas por seguros o fianzas se hagan conforme a las leyes de la materia y correspondan a conceptos que esta Ley señala como deducibles o que en otras leyes se establezca la obligación de contratarlos y siempre que, tratándose de seguros, durante la vigencia de la póliza no se otorguen préstamos a persona alguna, por parte de la aseguradora, con garantía de las sumas aseguradas, de las primas pagadas o de las reservas matemáticas.

En los casos en que los seguros tengan por objeto otorgar beneficios a los trabajadores, deberá observarse lo dispuesto en la fracción anterior. Si mediante el seguro se trata de resarcir al contribuyente de la disminución que en su productividad pudiera causar la muerte, accidente o enfermedad, de técnicos o dirigentes, la deducción de las primas procederá siempre que el seguro se establezca en un plan en el cual se determine el procedimiento para fijar el monto de la prestación y se satisfagan los plazos y los requisitos que se fijen en disposiciones de carácter general.

XIII. Que el costo de adquisición declarado o los intereses que se deriven de créditos recibidos por el contribuyente, correspondan a los de mercado. Cuando excedan del precio de mercado no será deducible el excedente.

XIV. Que en el caso de adquisición de mercancías de importación, se compruebe que se cumplieron los requisitos legales para su importación. Se considerará como monto de dicha adquisición el que haya sido declarado con motivo de la importación.

XV. Que en el caso de pérdidas por créditos incobrables, éstas se consideren realizadas en el mes en el que se consuma el plazo de prescripción, que corresponda, o antes si fuera notoria la imposibilidad práctica de cobro.

Para los efectos de este artículo, se considera que existe notoria imposibilidad práctica de cobro, entre otros, en los siguientes casos:

a) Tratándose de créditos cuya suerte principal al día de su vencimiento no exceda de treinta mil unidades de inversión, cuando en el plazo de un año contado a partir de que incurra en mora, no se hubiera logrado su cobro. En este caso, se considerarán incobrables en el mes en que se cumpla un año de haber incurrido en mora.

Cuando se tengan dos o más créditos con una misma persona física o moral de los señalados en el párrafo anterior, se deberá sumar la totalidad de los créditos otorgados para determinar si éstos no exceden del monto a que se refiere dicho párrafo.

Lo dispuesto en el inciso a) de esta fracción será aplicable tratándose de créditos contratados con el público en general, cuya suerte principal al día de su vencimiento se encuentre entre cinco mil pesos y treinta mil unidades de inversión, siempre que el contribuyente de acuerdo con las reglas de carácter general que al respecto emita el Servicio de Administración Tributaria informe de dichos créditos a las sociedades de información crediticia que obtengan autorización de la Secretaría de Hacienda y Crédito Público de conformidad con la Ley para Regular las de Sociedades de Información Crediticia.

Lo dispuesto en el inciso a) de esta fracción será aplicable cuando el deudor del crédito de que se trate sea contribuyente que realiza actividades empresariales y el acreedor informe por escrito al deudor de que se trate, que efectuará la deducción del crédito incobrable, a fin de que el deudor acumule el ingreso derivado de la deuda no cubierta en los términos de esta Ley. Los contribuyentes que apliquen lo dispuesto en este párrafo, deberán informar a más tardar el 15 de febrero de cada año de los créditos incobrables que dedujeron en los términos de este párrafo en el año de calendario inmediato anterior.

b) Tratándose de créditos cuya suerte principal al día de su vencimiento sea mayor a treinta mil unidades de inversión cuando el acreedor haya demandado ante la autoridad judicial el pago del crédito o se haya iniciado el procedimiento arbitral convenido para su cobro y además se cumpla con lo previsto en el párrafo final del inciso anterior.

c) Se compruebe que el deudor ha sido declarado en quiebra o concurso. En el primer supuesto, debe existir sentencia que declare concluida la quiebra por pago concursal o por falta de activos.
Tratándose de las Instituciones de Crédito, se considera que existe notoria imposibilidad práctica de cobro en la cartera de créditos, cuando dicha cartera sea castigada de conformidad con las disposiciones establecidas por la Comisión Nacional Bancaria y de Valores. Para los efectos del artículo 44 de esta Ley, los contribuyentes que deduzcan créditos por incobrables, los deberán considerar cancelados en el último mes de la primera mitad del ejercicio en que se deduzcan.
Tratándose de cuentas por cobrar que tengan una garantía hipotecaria, solamente será deducible el cincuenta por ciento del monto cuando se den los supuestos a que se refiere el inciso b) anterior. Cuando el deudor efectúe el pago del adeudo o se haga la aplicación del importe del remate a cubrir el adeudo, se hará la deducción del saldo de la cuenta por cobrar o en su caso la acumulación del importe recuperado.

XVI. Que tratándose de remuneraciones a empleados o a terceros, que estén condicionadas al cobro de los abonos en las enajenaciones a plazos o en los contratos de arrendamiento financiero en los que hayan intervenido, éstos se deduzcan en el ejercicio en el que dichos abonos o ingresos se cobren, siempre que se satisfagan los demás requisitos de esta Ley.

XVII. Que tratándose de pagos efectuados a comisionistas y mediadores residentes en el extranjero, se cumpla con los requisitos de información y documentación que señale el Reglamento de esta Ley.

XVIII. Que al realizar las operaciones correspondientes o a más tardar el último día del ejercicio se reúnan los requisitos que para cada deducción en particular establece esta Ley. Tratándose del comprobante fiscal a que se refiere el primer párrafo de la fracción III de este artículo, éste se obtenga a más tardar el día en que el contribuyente deba presentar su declaración. Respecto de la documentación comprobatoria de las retenciones y de los pagos a que se refieren las fracciones V y VI de este artículo, respectivamente, los mismos se realicen en los plazos que al efecto establecen las disposiciones fiscales, y la documentación comprobatoria se obtenga en dicha fecha. Tratándose de las declaraciones informativas a que se refieren los artículos 76 de esta Ley, y 32, fracciones V y VIII de la Ley del Impuesto al Valor Agregado, éstas se deberán presentar en los plazos que al efecto establece el citado artículo 76 y contar a partir de esa fecha con los comprobantes fiscales correspondientes. Además, la fecha de expedición de los comprobantes fiscales de un gasto deducible deberá corresponder al ejercicio por el que se efectúa la deducción.

Tratándose de anticipos por los gastos a que se refiere la fracción III del artículo 25 de esta Ley, éstos serán deducibles en el ejercicio en el que se efectúen, siempre que se cuente con el comprobante fiscal del anticipo en el mismo ejercicio en el que se pagó y con el comprobante fiscal que ampare la totalidad de la operación por la que se efectuó el anticipo, a más tardar el último día del ejercicio siguiente a aquél en que se dio el anticipo. La deducción del anticipo en el ejercicio en el que se pague será por el monto del mismo y, en el ejercicio en el que se reciba el bien o el servicio, la deducción será por la diferencia entre el valor total consignado en el comprobante fiscal y el monto del anticipo.

En todo caso para efectuar esta deducción, se deberán cumplir con los demás requisitos que establezcan las disposiciones fiscales.

Cuando los contribuyentes presenten las declaraciones informativas a que se refiere el artículo 76 de esta Ley a requerimiento de la autoridad fiscal, no se considerará incumplido el requisito a que se refiere el primer párrafo de esta fracción, siempre que se presenten dichas declaraciones dentro de un plazo máximo de 60 días contados a partir de la fecha en la que se notifique el mismo.

XIX. Que tratándose de pagos efectuados por concepto de salarios y en general por la prestación de un servicio personal subordinado a trabajadores que tengan derecho al subsidio para el empleo, efectivamente se entreguen las cantidades que por dicho subsidio les correspondan a sus trabajadores y se dé cumplimiento a los requisitos a que se refieren los preceptos que lo regulan, salvo cuando no se esté obligado a ello en términos de las citadas disposiciones.

XX. Que el importe de las mercancías, materias primas, productos semi terminados o terminados, en existencia, que por deterioro u otras causas no imputables al contribuyente hubiera perdido su valor, se deduzca de los inventarios durante el ejercicio en que esto ocurra; siempre que se cumpla con los requisitos establecidos en el Reglamento de esta Ley.

Los contribuyentes podrán efectuar la deducción de las mercancías, materias primas, productos semi terminados o terminados a que se refiere el párrafo anterior, siempre que tratándose de bienes básicos para la subsistencia humana en materia de alimentación, vestido, vivienda o salud, antes de proceder a su destrucción, se ofrezcan en donación a las instituciones autorizadas para recibir donativos deducibles conforme a esta Ley, dedicadas a la atención de requerimientos básicos de subsistencia en materia de alimentación, vestido, vivienda o salud de personas, sectores, comunidades o regiones, de escasos recursos, cumpliendo con los requisitos que para tales efectos establezca el Reglamento de esta Ley.

No se podrán ofrecer en donación aquellos bienes que en términos de otro ordenamiento jurídico, relacionado con el manejo, cuidado o tratamiento de dicho bienes, prohíba expresamente su venta, suministro, uso o establezca otro destino para los mismos.

XXI. Que tratándose de gastos que conforme a la Ley General de Sociedades Cooperativas se generen como parte del fondo de previsión social a que se refiere el artículo 58 de dicho ordenamiento y se otorguen a los socios cooperativistas, los mismos serán deducibles cuando se disponga de los recursos del fondo correspondiente, siempre que se cumpla con los siguientes requisitos:

a) Que el fondo de previsión social del que deriven se constituya con la aportación anual del porcentaje, que sobre los ingresos netos, sea determinado por la Asamblea General.

b) Que el fondo de previsión social esté destinado en términos del artículo 57 de la Ley General de Sociedades Cooperativas a las siguientes reservas:

1. Para cubrir riesgos y enfermedades profesionales.
2. Para formar fondos y haberes de retiro de socios.
3. Para formar fondos para primas de antigüedad.
4. Para formar fondos con fines diversos que cubran: gastos médicos y de funeral, subsidios por incapacidad, becas educacionales para los socios o sus hijos, guarderías infantiles, actividades culturales y deportivas y otras prestaciones de previsión social de naturaleza análoga.

Para aplicar la deducción a que se refiere este numeral la sociedad cooperativa deberá pagar, salvo en el caso de subsidios por incapacidad, directamente a los prestadores de servicios y a favor del socio cooperativista de que se trate, las prestaciones de previsión social correspondientes, debiendo contar con los comprobantes fiscales expedidos a nombre de la sociedad cooperativa.

c) Acreditar que al inicio de cada ejercicio la Asamblea General fijó las prioridades para la aplicación del fondo de previsión social de conformidad con las perspectivas económicas de la sociedad cooperativa.

XXII. Que el valor de los bienes que reciban los establecimientos permanentes ubicados en México, de contribuyentes residentes en el extranjero, de la oficina central o de otro establecimiento del contribuyente ubicado en el extranjero, no podrá ser superior al valor en aduanas del bien de que se trate.

La disposición señalada efectúa una mención genérica del requisito precisado, lo cual se justifica al atender a la cantidad de supuestos casuísticos, que en cada caso concreto puedan recibir el calificativo de "estrictamente indispensables"; por tanto, siendo imposible dar una definición que abarque todas las hipótesis factibles o establecer reglas generales para su determinación, resulta necesario interpretar dicho concepto, atendiendo a los fines de cada empresa y al gasto específico de que se trate.

De esta manera, por *"gastos"* se entienden las erogaciones o salidas de dinero o bienes del patrimonio de una empresa, sin recuperación.

En relación con los calificativos examinados, conviene atender a los elementos comunes que se han tomado en cuenta para determinar cuándo puede considerarse un gasto como estrictamente indispensable para una empresa, a saber:

1. Que el gasto esté destinado o relacionado directamente con la actividad de la empresa;
2. Que sea necesario para alcanzar los fines de su actividad o el desarrollo de ésta;
3. Que de no producirse se podrían afectar sus actividades o entorpecer su normal funcionamiento o desarrollo;
4. Que deben representar un beneficio o ventaja para la empresa en cuanto a sus metas operativas;
5. Que deben estar en proporción con las operaciones del contribuyente.

En efecto, el carácter de indispensabilidad se encuentra estrechamente vinculado con la consecución del objeto social de la empresa, es decir, debe tratarse de un gasto necesario para que cumplimente en forma cabal sus actividades como persona moral y que le reporte un beneficio, de tal manera que, de no realizarlo, ello podría tener como consecuencia la suspensión de las actividades de la empresa o la disminución de éstas, es decir, de no llevarse a cabo el gasto se dejaría de estimular la actividad de la misma, viéndose, en consecuencia, disminuidos sus ingresos en su perjuicio.

De ello se sigue que los gastos susceptibles de deducir de los ingresos que se obtienen, son aquellos que resultan necesarios para el funcionamiento de la empresa y sin los cuales sus metas operativas se verían obstaculizadas a tal grado que se impediría la realización de su objeto social.

Deducciones Estructurales

"...de nada serviría al causante una deducción, si esta no se conecta con la norma que configura este elemento de cuantificación."

Análisis a la Fracción XXX del artículo 28 de la L.I.S.R

Deducciones estructurales

Subjetivizar el gravamen, adecuándolo básicamente a las circunstancias personales del contribuyente.

Frenar o corregir los excesos de progresividad.

Coadyuvar a la discriminación cualitativa de rentas.

Rectificar situaciones peculiares derivadas de transferencias de recursos que son un signo de capacidad contributiva.

Las cuatro anteriores son entre otras, algunas de las funciones básicas que tienen las figuras sustractivas o minorativas reconocidas fiscal y jurídicamente como: *"Deducciones estructurales"*.

Por regla general, las deducciones estructurales, son reconocidas por el legislador en acatamiento al principio de proporcionalidad, a fin de que el tributo resultante se ajuste a la capacidad contributiva, reconociéndose los costos inherentes a la producción del ingreso y permitiendo que el gravamen pese únicamente sobre el impacto positivo en el haber patrimonial del causante.

Los institutos sustractivos de carácter estructural se expresan a través de normas jurídicas que no son autónomas, porque tan sólo tienen consecuencias en la medida en que se las conecte con otra norma que, en concreto, es aquella que define los elementos del impuesto sobre la renta (específicamente, la base imponible); de nada serviría al causante una deducción, si esta no se conecta con la norma que configura este elemento de cuantificación.

Entre este tipo de deducciones se encuentran ciertas minoraciones que obedecen al principio de proporcionalidad tributaria; otras, que se relacionan con políticas que buscan evitar la duplicidad de gravamen o la confiscatoriedad de este y, en general, puede afirmarse que se trata de conceptos que buscan que el tributo plasme los criterios de justicia y eficacia técnica que deben regir en su implementación y aplicación.

Los preceptos que reconocen este tipo de deducciones son normas que perfilan los límites específicos del tributo; su estructura y función, se dirigen a coadyuvar a su funcionamiento y, en estricto sentido, no suponen una disminución en los recursos del erario, pues el Estado únicamente dejaría de percibir ingresos a los que formalmente parece tener acceso, pero que materialmente no le corresponden.

En esta medida, de no reconocerse el impacto de tales deducciones en el impuesto sobre la renta, se entraría en contradicción con los criterios de justicia que deben regir en materia tributaria. No es posible, por ende, equiparar o sustituir a este tipo de deducciones, por subvenciones públicas o asignaciones directas de recursos, ya que no tienen como finalidad prioritaria la promoción de conductas.

De tal manera, las deducciones que se han identificado como estructurales, son institutos sustractivos que, operando desde el interior del tributo, contribuyen a la exacta definición y cuantificación de la base imponible, del tipo de gravamen, o bien, de la cuota tributaria.

Pueden afectar a la riqueza o al sujeto gravado, con base en consideraciones que obedecen fundamentalmente a la aptitud de contribuir para sufragar los gastos públicos, o a la propia condición del sujeto y, por otro lado, no excluyen la posibilidad de asumir finalidades extra fiscales con carácter secundario. Sustenta lo anterior el siguiente criterio jurisprudencial emanado de la Suprema Corte de Justicia de la Nación, a través de su Primera Sala, que reza:

Tipo de documento: Jurisprudencia
Novena época
Instancia: Primera Sala
Fuente: Apéndice 1917-Septiembre 2011
Tomo: Tomo IV. Administrativa Primera Parte - SCJN Segunda Sección – Fiscal. Página: 457

DEDUCCIONES ESTRUCTURALES Y NO ESTRUCTURALES. RAZONES QUE PUEDEN JUSTIFICAR SU INCORPORACIÓN EN EL DISEÑO NORMATIVO DEL CÁLCULO DEL IMPUESTO SOBRE LA RENTA.
Conforme a la tesis 1a. XXIX/2007, de rubro: "DEDUCCIONES. CRITERIOS PARA DISTINGUIR LAS DIFERENCIAS ENTRE LAS CONTEMPLADAS EN LA LEY DEL IMPUESTO SOBRE LA RENTA, A LA LUZ DEL PRINCIPIO DE PROPORCIONALIDAD TRIBUTARIA CONSAGRADO EN EL ARTÍCULO 31, FRACCIÓN IV, CONSTITUCIONAL." La Primera Sala de la Suprema Corte de Justicia de la Nación ha distinguido entre dos tipos de deducciones en materia de impuesto sobre la renta. Ahora bien, en un avance progresivo sobre lo sostenido en dicho criterio, puede abonarse, diferenciando dos tipos de deducciones:
1. Estructurales, identificadas como figuras sustractivas o minorativas que tienen como funciones, entre otras, subjetivizar el gravamen, adecuándolo a las circunstancias personales del contribuyente; frenar o corregir los excesos de progresividad; coadyuvar a la discriminación cualitativa de rentas; o bien, rectificar situaciones peculiares derivadas de transferencias de recursos que son un signo de capacidad contributiva. En este rubro se ubican las deducciones que, por regla general, el legislador debe reconocer en acatamiento al principio de proporcionalidad tributaria para que el impuesto resultante se ajuste a la capacidad contributiva de los causantes. Ahora bien, los preceptos que reconocen este tipo de deducciones son normas jurídicas no autónomas -dada su vinculación con las que

definen el presupuesto de hecho o los elementos de gravamen-, que perfilan los límites específicos del tributo, su estructura y función, se dirigen a coadyuvar al funcionamiento de éste y, en estricto sentido, no suponen una disminución en los recursos del erario, pues el Estado únicamente dejaría de percibir ingresos a los que formalmente parece tener acceso, pero que materialmente no le corresponden; de ahí que estas deducciones no pueden equipararse o sustituirse con subvenciones públicas o asignaciones directas de recursos, ya que no tienen como finalidad prioritaria la promoción de conductas, aunque debe reconocerse que no excluyen la posibilidad de asumir finalidades extrafiscales.
2. No estructurales o "beneficios", las cuales son figuras sustractivas que también auxilian en la configuración de las modalidades de la base imponible del impuesto sobre la renta pero que, a diferencia de las estructurales, tienen como objetivo conferir o generar posiciones preferenciales, o bien, pretender obtener alguna finalidad específica, ya sea propia de la política fiscal del Estado o de carácter extra fiscal. Estas deducciones son producto de una sanción positiva prevista por una norma típicamente promocional y pueden suscribirse entre los denominados *"gastos fiscales"*, es decir, los originados por la disminución o reducción de tributos, traduciéndose en la no obtención de un ingreso público como consecuencia de la concesión de beneficios fiscales orientados al logro de la política económica o social; tales deducciones sí pueden equipararse o sustituirse por subvenciones públicas, pues en estos beneficios se tiene como objetivo prioritario plasmar criterios de extra fiscalidad justificados en razones de interés público.
Amparo en revisión 316/2008. —Geo Tamaulipas, S.A. de C.V. — 9 de julio de 2008. —Cinco votos. —Ponente: José Ramón Cossío Díaz. —Secretario: Juan Carlos Roa Jacobo.
Amparo directo en revisión 366/2010. —Aeropuerto de Guadalajara, S.A. de C.V. —2 de junio de 2010. —Cinco votos. —

Ponente: José Ramón Cossío Díaz. —Secretario: Juan Carlos Roa Jacobo.
Amparo en revisión 408/2010. —Fondo de Salud y Cultura, A.C. —11 de agosto de 2010. —Unanimidad de cuatro votos. —Ausente: José de Jesús Gudiño Pelayo. —Ponente: Juan N. Silva Meza. —Secretario: Fernando Tinoco Ortiz.
Amparo en revisión 642/2010. —Miguel Antonio Fernández Iturriza. —20 de octubre de 2010. —Unanimidad de cuatro votos. —Ponente: José Ramón Cossío Díaz. —Secretario: Juan Carlos Roa Jacobo.
Amparo en revisión 748/2010. —Kumer, S.A. de C.V. —17 de noviembre de 2010. —Unanimidad de cuatro votos. —Ponente: José Ramón Cossío Díaz. —Secretario: Roberto Lara Chagoyán.
Tesis de jurisprudencia 15/2011. —Aprobada por la Primera Sala de este Alto Tribunal, en sesión privada de nueve de febrero de dos mil once.
Semanario Judicial de la Federación y su Gaceta, Novena Época, Tomo XXXIII, febrero de 2011, página 170, Primera Sala, tesis 1a. /J. 15/2011; véase ejecutoria en el Semanario Judicial de la Federación y su Gaceta, Novena Época, Tomo XXXIII, febrero de 2011, página 171.
Nota: La tesis 1a. XXIX/2007 aparece publicada en el Semanario Judicial de la Federación y su Gaceta, Novena Época, Tomo XXV, febrero de 2007, página 638, e integró la jurisprudencia publicada con la clave 1a. /J. 103/2009 en el Semanario Judicial de la Federación y su Gaceta, Novena Época, Tomo XXX, diciembre de 2009, página 108.

En ese tenor, la Suprema Corte ha sostenido que las erogaciones que deben ser reconocidas por el legislador son aquellas que se encuentran relacionadas con el ingreso, sin que su autorización en la normatividad pueda equipararse con concesiones graciosas, pues se trata de una exigencia del principio de proporcionalidad en materia tributaria, en su implicación de salvaguardar que la capacidad contributiva idónea para concurrir al sostenimiento de los gastos públicos, se identifique con la renta neta de los causantes, ello con la finalidad de hacer consistente el gravamen del impuesto sobre la renta con el objeto de dicho impuesto.

Ante esto puedo afirmar que hay deducciones que, dada su estrecha vinculación con la realización del hecho imponible del gravamen en comento, el legislador no puede más que reconocerlas, respecto de lo cual, se ha sostenido, no significa que no se puedan establecer requisitos o modalidades para su deducción.

Lo anterior, tal como se advierte del criterio jurisprudencial sostenida por la Primera Sala, de la Suprema Corte de Justicia de la Nación, siguientes:

Tipo de documento: Jurisprudencia
Novena época
Instancia: Primera Sala
Fuente: Apéndice 1917-Septiembre 2011
Tomo: Tomo I. Constitucional 3. Derechos Fundamentales Primera Parte - SCJN Vigésima Primera Sección - Principios de justicia tributaria. Página: 1647

DEDUCCIONES. CRITERIOS PARA DISTINGUIR LAS DIFERENCIAS ENTRE LAS CONTEMPLADAS EN LA LEY DEL IMPUESTO SOBRE LA RENTA, A LA LUZ DEL PRINCIPIO DE PROPORCIONALIDAD TRIBUTARIA CONSAGRADO EN EL ARTÍCULO 31, FRACCIÓN IV, CONSTITUCIONAL.
De la interpretación sistemática de la Ley del Impuesto sobre la Renta pueden observarse dos tipos de erogaciones: a) las

necesarias para generar el ingreso del contribuyente, las cuales deben ser reconocidas por el legislador, sin que su autorización en la normatividad pueda equipararse con concesiones graciosas, pues se trata de una exigencia del principio de proporcionalidad en materia tributaria, en su implicación de salvaguardar que la capacidad contributiva idónea para concurrir al sostenimiento de los gastos públicos, se identifique con la renta neta de los causantes. Ello no implica que no se puedan establecer requisitos o modalidades para su deducción, sino que válidamente pueden sujetarse a las condiciones establecidas por el legislador, debiendo precisarse que dicha decisión del creador de la norma se encuentra sujeta al juicio de razonabilidad, a fin de que la misma no se implemente de tal manera que se afecten los derechos de los gobernados; b) por otra parte, se aprecia que aquellas erogaciones en las que no se observe la característica de ser necesarias e indispensables, no tienen que ser reconocidas como deducciones autorizadas pues su realización no es determinante para la obtención del ingreso; no obstante ello, el legislador puede implementar mecanismos que permitan deducir cierto tipo de gastos que no sean estrictamente necesarios, ya sea en forma total o en parte -lo cual también suele obedecer a su aspiración de conseguir ciertas finalidades que pueden ser de naturaleza fiscal o extrafiscal-, pero sin tener obligación alguna de reconocer la deducción de dichas erogaciones, pues no debe perderse de vista que se trata del reconocimiento de efectos fiscales a una erogación no necesariamente vinculada con la generación de ingresos. Un ejemplo de este tipo de desembolsos son los donativos deducibles, las deducciones personales de las personas físicas, o bien, ciertos gastos de consumo, como acontece con los efectuados en restaurantes. La deducibilidad de dichas erogaciones es otorgada -no reconocida- por el legislador y obedece a razones sociales, económicas o extrafiscales.

Amparo en revisión 1662/2006. —Grupo TMM, S.A. —15 de noviembre de 2006. —Cinco votos. —Ponente: José Ramón Cossío Díaz. —Secretario: Juan Carlos Roa Jacobo.
Amparo en revisión 224/2007. —Pepsi-Cola Mexicana, S.A. de C.V. y otra. —5 de septiembre de 2007. —Cinco votos. —Ponente: José Ramón Cossío Díaz. —Secretarios: Juan Carlos Roa Jacobo, Pedro Arroyo Soto, Francisco Octavio Escudero Contreras, Rogelio Alberto Montoya Rodríguez y Paola Yaber Coronado.
Amparo en revisión 316/2008. —Geo Tamaulipas, S.A. de C.V. —9 de julio de 2008. —Cinco votos. —Ponente: José Ramón Cossío Díaz. —Secretario: Juan Carlos Roa Jacobo.
Amparo en revisión 782/2008. —Plásticos Panamericanos, S.A. de C.V. —22 de octubre de 2008. —Unanimidad de cuatro votos. —Ausente: José de Jesús Gudiño Pelayo. —Ponente: Juan N. Silva Meza. —Secretaria: Guillermina Coutiño Mata.
Amparo directo en revisión 279/2009. —Banco Compartamos, S.A., Institución de Banca Múltiple (antes Financiera Compartamos, S.A. de C.V., Sociedad Financiera de Objeto Limitado). —1o. de abril de 2009. —Unanimidad de cuatro votos. —Ausente: José de Jesús Gudiño Pelayo. —Ponente: José Ramón Cossío Díaz. —Secretario: Juan Carlos Roa Jacobo.
Tesis de jurisprudencia 103/2009. —Aprobada por la Primera Sala de este Alto Tribunal, en sesión de veintiocho de octubre de dos mil nueve.
Semanario Judicial de la Federación y su Gaceta, Novena Época, Tomo XXX, diciembre de 2009, página 108, Primera Sala, tesis 1a. /J. 103/2009; véase ejecutoria en el Semanario Judicial de la Federación y su Gaceta, Novena Época, Tomo XXX, diciembre de 2009, página 109.

Como también, es aplicable la siguiente tesis aislada:

Tipo de documento: Tesis aislada
Novena época
Instancia: Primera Sala
Fuente: Semanario Judicial de la Federación y su Gaceta.
Tomo: XXV, Febrero de 2007 Página: 638

DEDUCCIONES. CRITERIO PARA SU INTERPRETACIÓN EN EL IMPUESTO SOBRE LA RENTA.
La regla general para la interpretación de las deducciones en el impuesto sobre la renta debe ser de orden restrictivo, en el sentido de que únicamente pueden realizarse las autorizadas por el legislador y conforme a los requisitos o modalidades que éste determine; sin embargo, ello no implica que no pueda efectuarse un juicio constitucional sobre la decisión del legislador, pues existen ciertas erogaciones cuya deducción debe reconocerse, ya no por un principio de política fiscal, sino en atención a la garantía constitucional de proporcionalidad tributaria prevista en la fracción IV del artículo 31 de la Constitución Política de los Estados Unidos Mexicanos.
Amparo en revisión 1662/2006. Grupo TMM, S.A. 15 de noviembre de 2006. Cinco votos. Ponente: José Ramón Cossío Díaz. Secretario: Juan Carlos Roa Jacobo.

Con base en lo anterior, se advierte que el Alto Tribunal ha sostenido reiteradamente que, una vez identificándose que una erogación impacta o afecta en el patrimonio de forma negativa, se trata de una deducción estructural, y por ende el legislador debe reconocerla —en atención al principio de proporcionalidad tributaria— ya que se encuentra relacionada con la obtención de los ingresos, sin que esto signifique que no se puedan establecer requisitos o modalidades.

Así es, el Pleno de la Suprema Corte de la Nación reiteró tal criterio en la contradicción de tesis 41/2005, en el sentido de que tratándose de deducciones estructurales para obtener el ingreso, su reconocimiento constituye una exigencia para asegurar que el sujeto contribuya conforme a su verdadera capacidad contributiva, de conformidad con el principio de proporcionalidad tributaria.

Importante es destacar que, el principio constitucional de proporcionalidad tributaria, le reconoce el derecho constitucional a los sujetos obligados del tributo a contribuir al gasto público en función de su respectiva capacidad contributiva aportando una parte adecuada de la manifestación de riqueza gravada.

El máximo tribunal de la República Mexicana establece, en el marco de su jurisprudencia, el contenido y alcance del derecho fundamental de proporcionalidad tributaria bajo los términos que a continuación me permito parafrasear:

Como ya lo he mencionado anteriormente, el artículo 31, fracción IV, de la Constitución Política de los Estados Unidos Mexicanos establece que es obligación de los mexicanos, contribuir al gasto público de la manera proporcional y equitativa que dispongan las leyes.

Al respecto, la Suprema Corte de Justicia de la Nación ha sostenido que, el principio de proporcionalidad tributaria radica, medularmente, en que los sujetos pasivos deben contribuir a los gastos públicos en función de su respectiva capacidad contributiva, debiendo aportar una parte justa y adecuada de sus ingresos, utilidades, rendimientos o la manifestación de riqueza gravada.

Pues bien, de conformidad con este principio, los gravámenes deben fijarse de acuerdo con la capacidad de cada sujeto pasivo, esto es, en función de su potencialidad real para contribuir a los gastos públicos, de manera que las personas que obtengan ingresos elevados tributen en forma cualitativamente superior a los de medianos y reducidos recursos.

Ante esto puedo decir y coincidir con el criterio de la corte que, la proporcionalidad fiscal, está vinculada con la capacidad económica de los contribuyentes.

La finalidad de lo anterior es lograr que, en cada caso particular, el impacto tributario sea distinto, no sólo en cantidad, sino también en lo tocante al mayor o menor sacrificio, reflejado cualitativamente en la disminución patrimonial que proceda, y que debe encontrarse en proporción a los ingresos, utilidades, rendimientos o la manifestación de riqueza gravada.

Además, la Suprema Corte de Justicia de la Nación sostiene que, para que un gravamen sea proporcional, debe existir congruencia entre el impuesto creado por el Estado y la capacidad contributiva de los causantes, entendida ésta como la potencialidad real de contribuir a los gastos públicos que el legislador atribuye al sujeto pasivo del impuesto en el tributo de que se trate.

De igual forma considero importante establecer que coincido con la Corte que sostiene que el legislador debe legislar, en materia fiscal, tomando en consideración que todos los presupuestos de hecho de las contribuciones tienen una naturaleza económica en la forma de una situación o de un movimiento de riqueza y las consecuencias tributarias son medidas en función de esa riqueza.

De acuerdo con lo anterior, la potestad tributaria implica para el Estado, a través de las autoridades legislativas competentes, la facultad de determinar el objeto de los tributos, involucrando cualquier actividad de los gobernados que sea reflejo de capacidad contributiva, de ahí que uno de los principios que legitima la imposición de las contribuciones es, precisamente, el de la identificación de la capacidad para contribuir a los gastos públicos por parte de los gobernados.

Asimismo, es importante destacar que la Suprema Corte de la Nación establece que, la capacidad contributiva, está ligada con la persona que tiene que soportar la carga del tributo, o sea, aquélla que finalmente, según las diversas características de cada contribución, ve disminuido su patrimonio al pagar una cantidad específica por concepto de esos gravámenes, sea en su calidad de sujeto pasivo o como destinatario de los mismos, por traslación que deba hacérsele por disposición legal o por las características propias del tributo de que se trate.

De lo anterior se desprende que la garantía de proporcionalidad tributaria se respeta en la medida en que se atiende a la capacidad contributiva de los sujetos pasivos, pues debe pagar más quien tiene una mayor capacidad contributiva y menos el que la tiene en menor proporción.

Por otra parte, resulta sumamente importante e interesante revisar las diversas directrices del principio de proporcionalidad tributaria.

Lo anterior con el objetivo de que la aportación que realizan los gobernados obligados a contribuir al gasto público, sea en función de su respectiva capacidad contributiva; siendo este un requisito indispensable de validez constitucional. También es importante analizar dichos criterios para que exista congruencia entre el impuesto a cubrir y la real capacidad del contribuyente. Para que, de esa forma, el legislador tome en consideración todos los presupuestos de hecho que pudieran afectar la base del impuesto que se debe enterar por parte del gobernado.

De ahí que resulte aplicable a lo anterior, la jurisprudencia, siguiente:

Tipo de documento: Jurisprudencia
Novena época
Instancia: Pleno
Fuente: Apéndice 1917-Septiembre 2011
Tomo: Tomo I. Constitucional 3. Derechos Fundamentales
Primera Parte - SCJN Vigésima Primera Sección - Principios de justicia tributaria. Página: 1881

PROPORCIONALIDAD TRIBUTARIA. DEBE EXISTIR CONGRUENCIA ENTRE EL TRIBUTO Y LA CAPACIDAD CONTRIBUTIVA DE LOS CAUSANTES.

El artículo 31, fracción IV, de la Constitución Federal establece el principio de proporcionalidad de los tributos. Éste radica, medularmente, en que los sujetos pasivos deben contribuir al gasto público en función de su respectiva capacidad contributiva, debiendo aportar una parte adecuada de sus ingresos, utilidades, rendimientos, o la manifestación de riqueza gravada. Conforme a este principio los gravámenes deben fijarse de acuerdo con la capacidad económica de cada sujeto pasivo, de manera que las personas que obtengan ingresos elevados tributen en forma cualitativamente superior a los de medianos y reducidos recursos. Para que un gravamen sea proporcional debe existir congruencia entre el mismo y la capacidad contributiva de los causantes; entendida ésta como la potencialidad real de contribuir al gasto público que el legislador atribuye al sujeto pasivo del impuesto en el tributo de que se trate, tomando en consideración que todos los supuestos de las contribuciones tienen una naturaleza económica en la forma de una situación o de un movimiento de riqueza y las consecuencias tributarias son medidas en función de esa riqueza. La capacidad contributiva se vincula con la persona que tiene que soportar la carga del tributo, o sea, aquella que finalmente, según las diversas características de cada contribución, ve disminuido su patrimonio al pagar una cantidad específica por concepto de esos gravámenes, sea en su calidad de sujeto pasivo o como destinatario de los mismos. De ahí que, para que un gravamen sea proporcional, debe existir congruencia entre el impuesto creado por el Estado y la capacidad contributiva de los causantes, en la medida en que debe pagar más quien tenga una mayor capacidad contributiva y menos el que la tenga en menor proporción.

Amparo en revisión 243/2002. —Gastronómica Taiho, S. de R.L. de C.V. —13 de mayo de 2003. —Once votos. —Ponente: José Vicente Aguinaco Alemán. —Secretarios: Miguel Ángel Antemate Chigo, J. Fernando Mendoza Rodríguez y Jorge Luis Revilla de la Torre.

Amparo en revisión 262/2002. —Qualyconf, S.A. de C.V. —13 de mayo de 2003. —Once votos. —Ponente: Sergio Salvador Aguirre Anguiano. —Secretarios: Miguel Ángel Antemate Chigo, J. Fernando Mendoza Rodríguez y Jorge Luis Revilla de la Torre.

Amparo en revisión 213/2002. —Ramsa León, S.A. de C.V. y coagraviada. —13 de mayo de 2003. —Once votos. —Ponente: José de Jesús Gudiño Pelayo. —Secretarios: Miguel Ángel Antemate Chigo, J. Fernando Mendoza Rodríguez y Jorge Luis Revilla de la Torre.

Amparo en revisión 614/2002. —Grupo Textil Providencia, S.A. de C.V. —13 de mayo de 2003. —Once votos. —Ponente: Olga Sánchez Cordero de García Villegas. —Secretarios: Miguel Ángel Antemate Chigo, J. Fernando Mendoza Rodríguez y Jorge Luis Revilla de la Torre.

Amparo en revisión 235/2002. —Hongos del Bosque, S.A. de C.V. —13 de mayo de 2003. —Once votos. —Ponente: Juan N. Silva Meza. —Secretarios: Miguel Ángel Antemate Chigo, J. Fernando Mendoza Rodríguez y Jorge Luis Revilla de la Torre.

El Tribunal Pleno, en su sesión pública celebrada hoy trece de mayo en curso, aprobó, con el número 10/2003, la tesis jurisprudencial que antecede. —México, Distrito Federal, a trece de mayo de dos mil tres.

Semanario Judicial de la Federación y su Gaceta, Novena Época, Tomo XVII, mayo de 2003, página 144, Pleno, tesis P. /J. 10/2003; véase ejecutoria en el Semanario Judicial de la Federación y su Gaceta, Novena Época, Tomo XVII, mayo de 2003, página 6; y véase voto en el Semanario Judicial de la

Federación y su Gaceta, Novena Época, Tomo XVII, mayo de 2003, página 67.

Por otro lado, conforme a lo establecido en los artículos 9 y 27, fracción I, ambos de la Ley del Impuesto Sobre la Renta –previamente referidos- en lo relativo a que la utilidad fiscal bajo la cual deberá enterar el impuesto sobre la renta, disminuyendo de la totalidad de los ingresos acumulables obtenidos en el ejercicio, las deducciones autorizadas por dicho título; siendo requisito de dichas deducciones, que sean estrictamente indispensables para los fines de la actividad del contribuyente. De lo anterior, resulta válido hacer la siguiente interrogante: ¿Cuándo el contribuyente está en presencia de una deducción estrictamente indispensable?

Al respecto, el Tribunal Pleno de la Suprema Corte de Justicia de la Nación, al resolver la Contradicción de Tesis 41/2005-PL, estableció que el carácter de indispensabilidad de las deducciones, se encuentra estrechamente vinculado con la consecución del objeto social de la empresa, es decir, debe tratarse de un gasto necesario para que cumplimente en forma cabal sus actividades como persona moral y que le reporte un beneficio, de tal manera que, de no realizarlo, ello podría tener como consecuencia la suspensión de las actividades de la empresa o la disminución de éstas, es decir, cuando de no llevarse a cabo el gasto se dejaría de estimular la actividad de la misma, viéndose, en consecuencia, disminuidos sus ingresos en su perjuicio.

Ante esto, puedo responder a la pregunta: ¿Cuándo el contribuyente está en presencia de una deducción estrictamente indispensable? Con la siguiente afirmación: Cuando la empresa está en riesgo de no seguir produciendo o de continuar generando riqueza.

La afirmación anterior está apoyada en la jurisprudencia 1a. /J. 103/2009, emitida por la Primera Sala de la Suprema Corte de Justicia de la Nación, del tenor literal siguiente:

> Tipo de documento: Jurisprudencia
> Novena época
> Instancia: Primera Sala
> Fuente: Apéndice 1917-Septiembre 2011
> Tomo: Tomo I. Constitucional 3. Derechos Fundamentales
> Primera Parte - SCJN Vigésima Primera Sección –
> Principios de justicia tributaria. Página: 1647

DEDUCCIONES. CRITERIOS PARA DISTINGUIR LAS DIFERENCIAS ENTRE LAS CONTEMPLADAS EN LA LEY DEL IMPUESTO SOBRE LA RENTA, A LA LUZ DEL PRINCIPIO DE PROPORCIONALIDAD TRIBUTARIA CONSAGRADO EN EL ARTÍCULO 31, FRACCIÓN IV, CONSTITUCIONAL.
De la interpretación sistemática de la Ley del Impuesto sobre la Renta pueden observarse dos tipos de erogaciones: a) las necesarias para generar el ingreso del contribuyente, las cuales deben ser reconocidas por el legislador, sin que su autorización en la normatividad pueda equipararse con concesiones graciosas, pues se trata de una exigencia del principio de proporcionalidad en materia tributaria, en su implicación de salvaguardar que la capacidad contributiva idónea para

concurrir al sostenimiento de los gastos públicos, se identifique con la renta neta de los causantes.

Ello no implica que no se puedan establecer requisitos o modalidades para su deducción, sino que válidamente pueden sujetarse a las condiciones establecidas por el legislador, debiendo precisarse que dicha decisión del creador de la norma se encuentra sujeta al juicio de razonabilidad, a fin de que la misma no se implemente de tal manera que se afecten los derechos de los gobernados; b) por otra parte, se aprecia que aquellas erogaciones en las que no se observe la característica de ser necesarias e indispensables, no tienen que ser reconocidas como deducciones autorizadas pues su realización no es determinante para la obtención del ingreso; no obstante ello, el legislador puede implementar mecanismos que permitan deducir cierto tipo de gastos que no sean estrictamente necesarios, ya sea en forma total o en parte -lo cual también suele obedecer a su aspiración de conseguir ciertas finalidades que pueden ser de naturaleza fiscal o extrafiscal-, pero sin tener obligación alguna de reconocer la deducción de dichas erogaciones, pues no debe perderse de vista que se trata del reconocimiento de efectos fiscales a una erogación no necesariamente vinculada con la generación de ingresos.

Un ejemplo de este tipo de desembolsos son los donativos deducibles, las deducciones personales de las personas físicas, o bien, ciertos gastos de consumo, como acontece con los efectuados en restaurantes. La deducibilidad de dichas erogaciones es otorgada -no reconocida- por el legislador y obedece a razones sociales, económicas o extrafiscales.

Amparo en revisión 1662/2006. —Grupo TMM, S.A. —15 de noviembre de 2006. —Cinco votos. —Ponente: José Ramón Cossío Díaz. —Secretario: Juan Carlos Roa Jacobo.

Amparo en revisión 224/2007. —Pepsi-Cola Mexicana, S.A. de C.V. y otra. —5 de septiembre de 2007. —Cinco votos. —Ponente: José Ramón Cossío Díaz. —Secretarios: Juan Carlos

Roa Jacobo, Pedro Arroyo Soto, Francisco Octavio Escudero Contreras, Rogelio Alberto Montoya Rodríguez y Paola Yaber Coronado.
Amparo en revisión 316/2008. —Geo Tamaulipas, S.A. de C.V. —9 de julio de 2008. —Cinco votos. —Ponente: José Ramón Cossío Díaz. —Secretario: Juan Carlos Roa Jacobo.
Amparo en revisión 782/2008. —Plásticos Panamericanos, S.A. de C.V. —22 de octubre de 2008. —Unanimidad de cuatro votos. —Ausente: José de Jesús Gudiño Pelayo. —Ponente: Juan N. Silva Meza. —Secretaria: Guillermina Coutiño Mata.
Amparo directo en revisión 279/2009. —Banco Compartamos, S.A., Institución de Banca Múltiple (antes Financiera Compartamos, S.A. de C.V., Sociedad Financiera de Objeto Limitado). —1o. de abril de 2009. —Unanimidad de cuatro votos. —Ausente: José de Jesús Gudiño Pelayo. —Ponente: José Ramón Cossío Díaz. —Secretario: Juan Carlos Roa Jacobo.
Tesis de jurisprudencia 103/2009. —Aprobada por la Primera Sala de este Alto Tribunal, en sesión de veintiocho de octubre de dos mil nueve.
Semanario Judicial de la Federación y su Gaceta, Novena Época, Tomo XXX, diciembre de 2009, página 108, Primera Sala, tesis 1a. /J. 103/2009; véase ejecutoria en el Semanario Judicial de la Federación y su Gaceta, Novena Época, Tomo XXX, diciembre de 2009, página 109.

Resulta entonces, que la indispensabilidad en las erogaciones constituye el principio rector de las deducciones estructurales, siendo dicho criterio el parámetro que permite distinguir entre las erogaciones que el legislador debe reconocer para determinar la capacidad contributiva del causante en el sostenimiento de los gastos públicos, a efecto de lograr la consecución de los fines de la empresa, así como la generación de los ingresos.

Ahora bien, entendida la importancia de las deducciones en la mecánica de la determinación de la riqueza gravable en el impuesto sobre la renta, a efecto de que el tributo se ajuste a la capacidad contributiva, tenemos que en el sistema tributario nacional se ha reconocido la existencia de "deducciones estructurales", como aquellas que subjetivizan el gravamen y lo adecúan a circunstancias personales del contribuyente, para distinguirlas de aquellas conocidas *"deducciones no estructurales o beneficios"*, y respecto de las cuales podemos entender lo que explico en el capítulo siguiente.

Deducciones no Estructurales

"...por regla general, la interpretación de las deducciones en el impuesto sobre la renta, debe ser de orden restrictivo..."

Dr. Guillermo Robertson Andrade

Deducciones no estructurales

Las *deducciones no estructurales o beneficios* son aquellas erogaciones que tienen como objetivo el conferir o generar posiciones preferenciales, o bien, pretender obtener alguna finalidad específica, propia de la política fiscal del Estado, o bien, de carácter extrafiscal.

Es aplicable a lo anterior, la jurisprudencia 1a. /J. 15/2011, emitida por la Primera Sala de la Suprema Corte de Justicia de la Nación, de rubro y texto:

Tipo de documento: Jurisprudencia
Novena época
Instancia: Primera Sala
Fuente: Apéndice 1917-Septiembre 2011
Tomo: Tomo IV. Administrativa Primera Parte - SCJN Segunda Sección – Fiscal. Página: 457

Análisis a la Fracción XXX del artículo 28 de la L.I.S.R

DEDUCCIONES ESTRUCTURALES Y NO ESTRUCTURALES. RAZONES QUE PUEDEN JUSTIFICAR SU INCORPORACIÓN EN EL DISEÑO NORMATIVO DEL CÁLCULO DEL IMPUESTO SOBRE LA RENTA.

Conforme a la tesis 1a. XXIX/2007, de rubro: "DEDUCCIONES. CRITERIOS PARA DISTINGUIR LAS DIFERENCIAS ENTRE LAS CONTEMPLADAS EN LA LEY DEL IMPUESTO SOBRE LA RENTA, A LA LUZ DEL PRINCIPIO DE PROPORCIONALIDAD TRIBUTARIA CONSAGRADO EN EL ARTÍCULO 31, FRACCIÓN IV, CONSTITUCIONAL.", la Primera Sala de la Suprema Corte de Justicia de la Nación ha distinguido entre dos tipos de deducciones en materia de impuesto sobre la renta. Ahora bien, en un avance progresivo sobre lo sostenido en dicho criterio, puede abonarse, diferenciando dos tipos de deducciones:

1. Estructurales, identificadas como figuras sustractivas o minorativas que tienen como funciones, entre otras, subjetivizar el gravamen, adecuándolo a las circunstancias personales del contribuyente; frenar o corregir los excesos de progresividad; coadyuvar a la discriminación cualitativa de rentas; o bien, rectificar situaciones peculiares derivadas de transferencias de recursos que son un signo de capacidad contributiva. En este rubro se ubican las deducciones que, por regla general, el legislador debe reconocer en acatamiento al principio de proporcionalidad tributaria para que el impuesto resultante se ajuste a la capacidad contributiva de los causantes. Ahora bien, los preceptos que reconocen este tipo de deducciones son normas jurídicas no autónomas -dada su vinculación con las que definen el presupuesto de hecho o los elementos de gravamen-, que perfilan los límites específicos del tributo, su estructura y función, se dirigen a coadyuvar al funcionamiento de éste y, en estricto sentido, no suponen una disminución en los recursos del erario, pues el Estado únicamente dejaría de percibir ingresos a los que formalmente parece tener acceso, pero que

materialmente no le corresponden; de ahí que estas deducciones no pueden equipararse o sustituirse con subvenciones públicas o asignaciones directas de recursos, ya que no tienen como finalidad prioritaria la promoción de conductas, aunque debe reconocerse que no excluyen la posibilidad de asumir finalidades extrafiscales.

2. No estructurales o "beneficios", las cuales son figuras sustractivas que también auxilian en la configuración de las modalidades de la base imponible del impuesto sobre la renta pero que, a diferencia de las estructurales, tienen como objetivo conferir o generar posiciones preferenciales, o bien, pretender obtener alguna finalidad específica, ya sea propia de la política fiscal del Estado o de carácter extrafiscal. Estas deducciones son producto de una sanción positiva prevista por una norma típicamente promocional y pueden suscribirse entre los denominados "gastos fiscales", es decir, los originados por la disminución o reducción de tributos, traduciéndose en la no obtención de un ingreso público como consecuencia de la concesión de beneficios fiscales orientados al logro de la política económica o social; tales deducciones sí pueden equipararse o sustituirse por subvenciones públicas, pues en estos beneficios se tiene como objetivo prioritario plasmar criterios de extrafiscalidad justificados en razones de interés público.

Amparo en revisión 316/2008. —Geo Tamaulipas, S.A. de C.V. — 9 de julio de 2008. —Cinco votos. —Ponente: José Ramón Cossío Díaz. —Secretario: Juan Carlos Roa Jacobo.

Amparo directo en revisión 366/2010. —Aeropuerto de Guadalajara, S.A. de C.V. —2 de junio de 2010. —Cinco votos. —Ponente: José Ramón Cossío Díaz. —Secretario: Juan Carlos Roa Jacobo.

Amparo en revisión 408/2010. —Fondo de Salud y Cultura, A.C. —11 de agosto de 2010. —Unanimidad de cuatro votos. —

Ausente: José de Jesús Gudiño Pelayo. —Ponente: Juan N. Silva Meza. —Secretario: Fernando Tinoco Ortiz.
Amparo en revisión 642/2010. —Miguel Antonio Fernández Iturriza. —20 de octubre de 2010. —Unanimidad de cuatro votos. —Ponente: José Ramón Cossío Díaz. —Secretario: Juan Carlos Roa Jacobo.
Amparo en revisión 748/2010. —Kumer, S.A. de C.V. —17 de noviembre de 2010. —Unanimidad de cuatro votos. —Ponente: José Ramón Cossío Díaz. —Secretario: Roberto Lara Chagoyán.
Tesis de jurisprudencia 15/2011. —Aprobada por la Primera Sala de este Alto Tribunal, en sesión privada de nueve de febrero de dos mil once.
Semanario Judicial de la Federación y su Gaceta, Novena Época, Tomo XXXIII, febrero de 2011, página 170, Primera Sala, tesis 1a./J. 15/2011; véase ejecutoria en el Semanario Judicial de la Federación y su Gaceta, Novena Época, Tomo XXXIII, febrero de 2011, página 171.
Nota: La tesis 1a. XXIX/2007 aparece publicada en el Semanario Judicial de la Federación y su Gaceta, Novena Época, Tomo XXV, febrero de 2007, página 638, e integró la jurisprudencia publicada con la clave 1a. /J. 103/2009 en el Semanario Judicial de la Federación y su Gaceta, Novena Época, Tomo XXX, diciembre de 2009, página 108.

Es importante establecer que, por regla general, la interpretación de las deducciones en el impuesto sobre la renta, debe ser de orden restrictivo, en el sentido de que únicamente pueden realizarse las autorizadas por el legislador y conforme a los requisitos o modalidades que éste determine. Lo cual a simple vista es ya un riesgo para el contribuyente.

Sin embargo, esto no implica que no pueda efectuarse un juicio constitucional sobre la decisión del legislador, en el sentido de si la erogación que se pretende deducir, debe reconocerse para esos efectos, es decir para ser susceptible de deducción en su determinación, en atención al derecho humano de proporcionalidad tributaria, previsto en la fracción IV del artículo 31, de la Constitución Política de los Estados Unidos Mexicanos.

Lo arriba afirmado en el párrafo que antecede, encuentra sustento en la tesis 1a. XXVIII/2007, emitida por la Primera Sala de la Suprema Corte de Justicia de la Nación, que a continuación comparto con ustedes, amables lectores:

Novena época
Instancia: Primera Sala
Fuente: Semanario Judicial de la Federación y su Gaceta
Tomo: XXV, Febrero de 2007. Página: 638

DEDUCCIONES. CRITERIO PARA SU INTERPRETACIÓN EN EL IMPUESTO SOBRE LA RENTA.

La regla general para la interpretación de las deducciones en el impuesto sobre la renta debe ser de orden restrictivo, en el sentido de que únicamente pueden realizarse las autorizadas por el legislador y conforme a los requisitos o modalidades que éste determine; sin embargo, ello no implica que no pueda efectuarse un juicio constitucional sobre la decisión del legislador, pues existen ciertas erogaciones cuya deducción debe reconocerse, ya no por un principio de política fiscal, sino en atención a la garantía constitucional de proporcionalidad tributaria prevista en la fracción IV del artículo 31 de la Constitución Política de los Estados Unidos Mexicanos.

Amparo en revisión 1662/2006. Grupo TMM, S.A. 15 de noviembre de 2006. Cinco votos. Ponente: José Ramón Cossío Díaz. Secretario: Juan Carlos Roa Jacobo.

Seguido de lo anterior, corresponde determinar si los pagos efectuados por el patrón en favor de sus trabajadores, cuando aquellos sean ingresos exentos para dichos empleados, cuya deducción se encuentra limitada, en términos del artículo 28, fracción XXX, de la Ley del Impuesto Sobre la Renta; constituyen gastos estrictamente indispensables, para los fines de la actividad de los pagadores de impuestos y, por ende, para la generación de ingresos; es decir, responder si constituyen de las denominadas deducciones estructurales.

Al respecto, el artículo 84 de la Ley Federal del Trabajo establece que "El salario se integra con los pagos hechos en efectivo por cuota diaria, gratificaciones, percepciones, habitación, primas, comisiones, prestaciones en especie y cualquiera otra cantidad o prestación que se entregue al trabajador por su trabajo."

Como podemos notar, el artículo 84 de la Ley Federal del Trabajo señala que el salario se integra con los pagos hechos en efectivo por cuota diaria, gratificaciones, percepciones, habitación, primas, comisiones, prestaciones en especie y cualquiera otra cantidad o prestación que se entregue al trabajador por su trabajo.

La interpretación del artículo arriba citado fue realizada por la Segunda Sala de la Suprema Corte de

Justicia de la Nación, al resolver la Contradicción de Criterios 94/2001-SS, en la que sostuvo lo siguiente: "... artículo 84 de la Ley Federal del Trabajo, el salario se integra con los pagos hechos en efectivo por cuota diaria, gratificaciones, percepciones, habitación, primas, comisiones, prestaciones en especie y cualquiera otra cantidad o prestación que se entregue al trabajador por su trabajo de manera ordinaria y permanente, es decir, todo aquello que habitualmente se sume a la cuota diaria estipulada como consecuencia inmediata del servicio prestado, ya sea que derive del contrato individual de trabajo, del contrato colectivo o de cualquier otra convención, e incluso por costumbre; que ante la necesidad de los trabajadores de hacer frente a los gastos de fin de año, en la exposición de motivos de la Ley Federal del Trabajo de 1970, como en el proceso legislativo, se reconoció la necesidad de incorporar al aguinaldo en la Ley con el carácter de percepción de índole obligatoria..."

Por lo cual resulta que, en los términos referidos con antelación, el salario de un trabajador se integra con los pagos hechos en efectivo por cuota diaria, gratificaciones, percepciones, habitación, primas, comisiones, prestaciones en especie, y cualquiera otra cantidad o prestación que se le entregue por su trabajo de manera ordinaria y permanente, ya sea que derive del contrato individual de trabajo, del contrato colectivo o de cualquier otra convención; anteriores erogaciones que deben considerarse como indispensables con la consecución del objeto social de la empresa.

A lo anterior, debemos sumar lo establecido en el artículo 7, de la Ley del Impuesto sobre la Renta, que dispone que cuando se haga mención a persona moral, se entienden comprendidas, entre otras, las sociedades mercantiles, los organismos descentralizados que realicen preponderantemente actividades empresariales, las instituciones de crédito, las sociedades y asociaciones civiles y la asociación en participación cuando a través de ella se realicen actividades empresariales en México, de lo anterior, se aprecia que se reconocen como gastos de previsión social, a todas aquellas erogaciones efectuadas por el patrón que tengan por objeto satisfacer contingencias o necesidades presentes o futuras, otorgar beneficios a favor de sus trabajadores, tendentes a su superación física, social, económica o cultural, que les permitan el mejoramiento en su calidad de vida y en la de su familia.

El artículo en cuestión indica lo siguiente:

LEY DEL IMPUESTO SOBRE LA RENTA
TÍTULO I - Disposiciones generales

ARTÍCULO 7: Cuando en esta Ley se haga mención a persona moral, se entienden comprendidas, entre otras, las sociedades mercantiles, los organismos descentralizados que realicen preponderantemente actividades empresariales, las instituciones de crédito, las sociedades y asociaciones civiles y la asociación en participación cuando a través de ella se realicen actividades empresariales en México.
En los casos en los que se haga referencia a acciones, se entenderán incluidos los certificados de aportación patrimonial emitidos por las sociedades nacionales de crédito, las partes

sociales, las participaciones en asociaciones civiles y los certificados de participación ordinarios emitidos con base en fideicomisos sobre acciones que sean autorizados conforme a la legislación aplicable en materia de inversión extranjera. Cuando se haga referencia a accionistas, quedarán comprendidos los titulares de los certificados a que se refiere este párrafo, de las partes sociales y de las participaciones señaladas. Tratándose de sociedades cuyo capital esté representado por partes sociales, cuando en esta Ley se haga referencia al costo comprobado de adquisición de acciones, se deberá considerar la parte alícuota que representen las partes sociales en el capital social de la sociedad de que se trate.

El sistema financiero, para los efectos de esta Ley, se compone por el Banco de México, las instituciones de crédito, de seguros y de fianzas, sociedades controladoras de grupos financieros, almacenes generales de depósito, administradoras de fondos para el retiro, arrendadoras financieras, uniones de crédito, sociedades financieras populares, sociedades de inversión de renta variable, sociedades de inversión en instrumentos de deuda, empresas de factoraje financiero, casas de bolsa, casas de cambio y sociedades financieras de objeto limitado, que sean residentes en México o en el extranjero. Se considerarán integrantes del sistema financiero a las sociedades financieras de objeto múltiple a las que se refiere la Ley General de Organizaciones y Actividades Auxiliares del Crédito que tengan cuentas y documentos por cobrar derivados de las actividades que deben constituir su objeto social principal, conforme a lo dispuesto en dicha Ley, que representen al menos el setenta por ciento de sus activos totales, o bien, que tengan ingresos derivados de dichas actividades y de la enajenación o administración de los créditos otorgados por ellas, que representen al menos el setenta por ciento de sus ingresos totales. Para los efectos de la determinación del porcentaje del setenta por ciento, no se considerarán los activos o ingresos que deriven de la enajenación a crédito de bienes o servicios de las propias sociedades, de las enajenaciones que se efectúen con cargo a tarjetas de crédito o financiamientos otorgados por terceros.

Tratándose de sociedades de objeto múltiple de nueva creación, el Servicio de Administración Tributaria mediante resolución particular en la que se considere el programa de cumplimiento que al efecto presente el contribuyente podrá establecer para los tres primeros ejercicios de dichas sociedades, un porcentaje menor al señalado en el párrafo anterior, para ser consideradas como integrantes del sistema financiero para los efectos de esta Ley.

Para los efectos de esta ley, se considera previsión social las erogaciones efectuadas que tengan por objeto satisfacer contingencias o necesidades presentes o futuras, así como el otorgar beneficios a favor de los trabajadores o de los socios o miembros de las sociedades cooperativas, tendientes a su superación física, social, económica o cultural, que les permitan el mejoramiento en su calidad de vida y en la de su familia. En ningún caso se considerará previsión social a las erogaciones efectuadas a favor de personas que no tengan el carácter de trabajadores o de socios o miembros de sociedades cooperativas.

Para los efectos de esta Ley, se consideran depositarios de valores a las instituciones de crédito, a las sociedades operadoras de sociedades de inversión, a las sociedades distribuidoras de acciones de sociedades de inversión, a las casas de bolsa y a las instituciones para el depósito de valores del país concesionadas por el Gobierno Federal de conformidad con lo establecido en la Ley del Mercado de Valores, que presten el servicio de custodia y administración de títulos.

Asimismo, es importante enfatizar que el significado de la previsión social, debe entenderse en el sentido de que la clase social trabajadora pueda, de modo integral, alcanzar la meta de llevar una existencia decorosa y digna, a través del otorgamiento de otros satisfactores de índole económico, cultural, social y recreativo, con los cuales se establezcan bases para el mejoramiento de su calidad de vida.

De lo anterior, resulta válido afirmar que todos los gastos erogados por la parte de los contribuyentes que se entreguen al trabajador con motivo de su relación laboral, de manera ordinaria y permanente, debe entenderse como un gasto necesario para que cumplimente en forma cabal sus actividades, a efecto de que le reporte un beneficio; pues de tal manera que de no realizarlo, podría tenerse como consecuencia la suspensión de las actividades de la misma, o la disminución de éstas.

Así, si una empresa realiza el pago de salarios a sus trabajadores, o de cualquier prestación que se le entregue por su trabajo, dicho pago, lo constituye como de naturaleza estructural tal y como se sostuvo en la referida Contradicción de Tesis 41/2005-PL, resuelta por el Pleno de la Suprema Corte de Justicia de la Nación: "...no se trata de un donativo o de un dispendio injustificado, sino de una disposición de los recursos de la empresa, efectuada como auténtica compensación por servicios personales prestados al empleador (...) de ahí, que dichos pagos efectuados al trabajador por su trabajo, tanto como lo es el salario pagado en efectivo. En tal virtud, se concluye que se trata de erogaciones que constituyen gastos necesarios e indispensables para la obtención de los ingresos."

Definitivamente es aplicable a lo antes sostenido, las consideraciones que contienen la jurisprudencia P. /J. 129/2006, emitida por el Pleno de la Suprema Corte de Justicia de la Nación, que se transcribe a continuación:

> Tipo de documento: Jurisprudencia
> Novena época
> Instancia: Pleno
> Fuente: Apéndice 1917-Septiembre 2011
> Tomo: Tomo I. Constitucional 3. Derechos Fundamentales
> Primera Parte - SCJN Vigésima Primera Sección - Principios de justicia tributaria
> Página: 1912
>
> RENTA. EL ARTÍCULO 31, FRACCIÓN XII, DE LA LEY DEL IMPUESTO RELATIVO, AL LIMITAR LA DEDUCCIÓN DE LOS GASTOS DE PREVISIÓN SOCIAL, VIOLA EL PRINCIPIO DE EQUIDAD TRIBUTARIA (LEGISLACIÓN VIGENTE A PARTIR DEL 1o. DE ENERO DE 2003).
>
> El citado precepto, al limitar la deducción de los gastos de previsión social, condicionando a que las prestaciones relativas sean generales, entendiéndose que se cumple tal requisito, entre otros casos, cuando dichas erogaciones -excluidas las aportaciones de seguridad social- sean en promedio aritmético por cada trabajador no sindicalizado, en un monto igual o menor que las erogaciones deducibles por el mismo concepto efectuadas por cada trabajador sindicalizado; y al disponer que cuando el empleador no tenga trabajadores sindicalizados, las prestaciones de seguridad social no podrán exceder de diez veces el salario mínimo general del área geográfica que corresponda al trabajador, elevado al año, viola el principio de equidad tributaria contenido en la fracción IV del artículo 31 de la Constitución Política de los Estados Unidos Mexicanos. Ello es así, en virtud de que los contribuyentes que se ubiquen en la

misma situación para efectos del impuesto sobre la renta, reciben un tratamiento distinto en razón de la forma en que se organicen sus trabajadores. Así, para este Alto Tribunal es evidente que la referida deducción se hace depender de la eventualidad de que sus trabajadores estén sindicalizados o no, así como del monto correspondiente a las prestaciones de previsión social otorgadas a los trabajadores, situación que se refiere a relaciones laborales, las cuales, en este aspecto, no son relevantes para efectos del impuesto sobre la renta -cuyo objeto lo constituye el ingreso del sujeto pasivo-. De esta manera, aun cuando los contribuyentes tengan capacidades económicas iguales, reciben un trato diferente para determinar el monto deducible por concepto de gastos de previsión social, lo que repercute en la cantidad total del impuesto a pagar, que no se justifica en tanto que atiende a aspectos ajenos al tributo. Además, lo mismo acontece en el caso de los patrones que no tienen trabajadores sindicalizados, pues en este supuesto también se limita injustificadamente el monto de las prestaciones de previsión social deducibles, ya que no pueden exceder de un tope monetario, vinculado al salario mínimo general del área geográfica que corresponda al trabajador, violándose la equidad tributaria.

Contradicción de tesis 41/2005-PL. —Entre las sustentadas por la Primera y la Segunda Salas de la Suprema Corte de Justicia de la Nación. —8 de junio de 2006. —Mayoría de seis votos. — Disidentes: Sergio Salvador Aguirre Anguiano, Juan Díaz Romero, Genaro David Góngora Pimentel, Guillermo I. Ortiz Mayagoitia y Presidente Mariano Azuela Güitrón. —Ponente: Juan Díaz Romero. —Secretario: Israel Flores Rodríguez. — Encargado del engrose: José Ramón Cossío Díaz. —Secretario: Juan Carlos Roa Jacobo.

El Tribunal Pleno, el veintitrés de octubre en curso, aprobó, con el número 129/2006, la tesis jurisprudencial que antecede. — México, Distrito Federal, a veintitrés de octubre de dos mil seis.

Semanario Judicial de la Federación y su Gaceta, Novena Época, Tomo XXIV, noviembre de 2006, página 5, Pleno, tesis P. /J. 129/2006; véase ejecutoria en el Semanario Judicial de la Federación y su Gaceta, Novena Época, Tomo XXIV, diciembre de 2006, página 245; y véase voto en el Semanario Judicial de la Federación y su Gaceta, Novena Época, Tomo XXIV, diciembre de 2006, página 345.

Así como también es aplicable la jurisprudencia P. /J. 128/2006, emitida por el Pleno de la Suprema Corte de Justicia de la Nación que, de texto y rubro, afirma lo siguiente:

> Tipo de documento: Jurisprudencia
> Novena época
> Instancia: Pleno
> Fuente: Apéndice 1917-Septiembre 2011
> Tomo: Tomo I. Constitucional 3. Derechos Fundamentales Primera Parte - SCJN Vigésima Primera Sección - Principios de justicia tributaria
> Página: 1914

> RENTA. EL ARTÍCULO 31, FRACCIÓN XII, DE LA LEY DEL IMPUESTO RELATIVO, ES INCONSTITUCIONAL AL LIMITAR LA DEDUCCIÓN DE LOS GASTOS DE PREVISIÓN SOCIAL (LEGISLACIÓN VIGENTE A PARTIR DEL 1o. DE ENERO DE 2003).
> El citado precepto es inconstitucional al limitar la deducción de los gastos de previsión social, condicionando a que las prestaciones relativas sean generales, entendiéndose que se cumple tal requisito, entre otros casos, cuando dichas erogaciones —excluidas las aportaciones de seguridad social— sean en promedio aritmético por cada trabajador no sindicalizado, en un monto igual o menor que las erogaciones deducibles por el mismo concepto efectuadas por cada trabajador sindicalizado; y al disponer que cuando el empleador

no tenga trabajadores sindicalizados, las prestaciones de seguridad social no podrán exceder de diez veces el salario mínimo general del área geográfica que corresponda al trabajador, elevado al año. Ello es así, en virtud de que las finalidades perseguidas por la medida no resultan razonables, motivo por el cual no se justifica la afectación al derecho a su deducción como gastos necesarios e indispensables. Ahora bien, a partir del análisis del proceso legislativo que originó la mencionada norma tributaria, pueden identificarse 3 finalidades con la implementación de la medida: a) Promover la igualdad entre los trabajadores, con un énfasis en el mejoramiento de las condiciones sociales y económicas de los que perciben menos ingresos; b) El combate a las prácticas abusivas que pudieran dar lugar a fenómenos de elusión fiscal que favorecieran más a los trabajadores con mayores ingresos; y c) El fomento al sindicalismo. Así, aplicando el criterio utilizado por este Alto Tribunal al estudiar la admisibilidad de medidas legislativas, atendiendo a sus fines, racionalidad y razonabilidad, se concluye que las finalidades mencionadas no superan la prueba de constitucionalidad. En efecto, por lo que hace al primer objetivo señalado, se advierte que si bien resulta constitucionalmente aceptable –pues la Ley Fundamental no sólo no reprocha, sino que fomenta una mejor distribución del ingreso–, no es racional en la medida en que, buscando favorecer un mayor aprovechamiento de las prestaciones de previsión social por parte de los trabajadores de menores ingresos, establece la limitante a favor de un grupo que no es coincidente, como son los trabajadores sindicalizados. Adicionalmente, se aprecia que una medida que pretende favorecer a ciertos empleados –los de menores ingresos– no tiende a tal fin mediante un beneficio para éstos, sino a través de una limitante a los derechos de los trabajadores de mayores ingresos. Por lo que hace a la segunda finalidad, se aprecia que aun cuando el combate a la elusión fiscal encuentra apoyo en el texto constitucional —dada la importancia que tienen los recursos fiscales para la consecución de las finalidades sociales que han sido elevadas a la más alta jerarquía normativa—, se estima que las condiciones imperantes antes de la reforma publicada en el Diario Oficial de la Federación el 30 de diciembre de 2002, no generaban un fenómeno de elusión fiscal y, por ende, la medida legislativa reclamada no podía fundamentarse racionalmente en el combate a dicho tipo de conductas. Finalmente, en lo que concierne al fomento al sindicalismo, este Tribunal Pleno concluye que aunque tal finalidad resulta constitucionalmente aceptable y que la fracción XII del artículo 31 de la Ley del Impuesto sobre la Renta efectivamente se encamina a dicho propósito, no sortea la tercera etapa del estudio utilizado, pues la medida legislativa no es proporcional a los fines perseguidos, ya que si bien fomenta la promoción de la organización sindical, ello se pretende a partir de un sistema de desincentivos para la opción contraria, soslayando los derechos del patrón y de los trabajadores. Por todo lo anterior, es evidente que no se justifica razonablemente la afectación a los derechos del patrón a deducir un gasto necesario e indispensable, además de que las limitantes establecidas en este sentido pasan por alto que se trata de prestaciones que encaminadas a la superación física, social, económica o cultural de los trabajadores, así como al mejoramiento en su calidad de vida y en la de su familia, motivo por el cual no resulta deseable que se limite o desincentive su otorgamiento.

Contradicción de tesis 41/2005-PL. —Entre las sustentadas por la Primera y la Segunda Salas de la Suprema Corte de Justicia de la Nación. —8 de junio de 2006. —Mayoría de seis votos. — Disidentes: Sergio Salvador Aguirre Anguiano, Juan Díaz Romero, Genaro David Góngora Pimentel, Guillermo I. Ortiz Mayagoitia y Presidente Mariano Azuela Güitrón. —Ponente: Juan Díaz Romero. —Secretario: Israel Flores Rodríguez. —

Encargado del engrose: José Ramón Cossío Díaz. —Secretario: Juan Carlos Roa Jacobo.
El Tribunal Pleno, el veintitrés de octubre en curso, aprobó, con el número 128/2006, la tesis jurisprudencial que antecede. — México Distrito Federal, a veintitrés de octubre de dos mil seis.
Semanario Judicial de la Federación y su Gaceta, Novena Época, Tomo XXIV, noviembre de 2006, página 7, Pleno, tesis P. /J. 128/2006; véase ejecutoria en el Semanario Judicial de la Federación y su Gaceta, Novena Época, Tomo XXIV, diciembre de 2006, página 245; y véase voto en el Semanario Judicial de la Federación y su Gaceta, Novena Época, Tomo XXIV, diciembre de 2006, página 345.
Establecidas las premisas anteriores, observemos como la fracción XXX del artículo 28 de la ley del impuesto sobre la renta (vigente a partir del 01 de enero de 2014), debe ser considerado inconstitucional precisamente porque en nuestra opinión transgrede el principio de proporcionalidad tributaria contendido en el artículo 31, fracción IV de la Constitución Federal; toda vez que, el hecho de que dicho numeral limite la deducción de todas aquellas cantidades pagadas a sus trabajadores, que a su vez sean ingresos exentos para los mismos, hasta por la cantidad que resulte de aplicar el factor de 0.53% (punto cincuenta y tres por ciento) al monto de dichos pagos; o del 0.47 (punto cuarenta y siete por ciento), cuando las prestaciones otorgadas por los contribuyentes a favor de sus trabajadores que a su vez sean ingresos exentos para dichos trabajadores, en el ejercicio de que se trate, y que no disminuyan respecto de las otorgadas en el ejercicio fiscal inmediato anterior; no le permite tributar atendiendo su real capacidad contributiva, al no poder realizar deducciones de tipo estructural, que constituyen gastos necesarios e indispensables para la obtención de los ingresos, así como la prosecución de los objetivos de los contribuyentes.

Para corroborar ese aserto, es preciso mencionar que el artículo 28, fracción XXX, de la Ley del Impuesto Sobre la Renta, que se estima como se dijo inconstitucional, prevé que para las personas morales – así como las físicas pero en otro numeral de la propia ley del impuesto sobre la renta-, no serán deducibles los pagos que a su vez sean ingresos exentos para el trabajador, hasta por la cantidad que resulte de aplicar el factor de 0.53% al monto de dichos pagos; y que dicho factor será del 0.47% cuando las prestaciones otorgadas por los contribuyentes a favor de sus trabajadores que a su vez sean ingresos exentos para dichos trabajadores, en el ejercicio de que se trate, no disminuyan respecto de las otorgadas en el ejercicio fiscal inmediato anterior. Ante esto cito textualmente la referida fracción del mencionado artículo.

LEY DEL IMPUESTO SOBRE LA RENTA
TÍTULO II - De las personas morales
CAPÍTULO II - De las deducciones
SECCIÓN I - De las deducciones en general

ARTÍCULO 28: Para los efectos de este Título, no serán deducibles:

I...

XXX. Los pagos que a su vez sean ingresos exentos para el trabajador, hasta por la cantidad que resulte de aplicar el factor de 0.53 al monto de dichos pagos. El factor a que se refiere este párrafo será del 0.47 cuando las prestaciones otorgadas por los contribuyentes a favor de los trabajadores que a su vez sean ingresos exentos para dichos trabajadores, en el ejercicio de que se trate, no disminuyan respecto de las otorgadas en el ejercicio fiscal inmediato anterior.

...

Como puede observarse, la porción normativa reclamada establece una restricción a la deducción respecto de pagos exentos de los trabajadores, que la Ley del Impuesto sobre la Renta vigente hasta el treinta y uno de diciembre de dos mil trece, estipulaba al cien por ciento.

Para identificar cuáles son los ingresos exentos de los trabajadores, es imperativo traer a colación el contenido del artículo 93 de la Ley del Impuesto sobre la Renta que textualmente establece lo que a continuación transcribo:

LEY DEL IMPUESTO SOBRE LA RENTA

TÍTULO IV - De las personas físicas disposiciones generales

ARTÍCULO 93
No se pagará el impuesto sobre la renta por la obtención de los siguientes ingresos:

I. Las prestaciones distintas del salario que reciban los trabajadores del salario mínimo general para una o varias áreas geográficas, calculadas sobre la base de dicho salario, cuando no excedan de los mínimos señalados por la legislación laboral, así como las remuneraciones por concepto de tiempo extraordinario o de prestación de servicios que se realice en los días de descanso sin disfrutar de otros en sustitución, hasta el límite establecido en la legislación laboral, que perciban dichos trabajadores. Tratándose de los demás trabajadores, el 50% de las remuneraciones por concepto de tiempo extraordinario o de la prestación de servicios que se realice en los días de descanso sin disfrutar de otros en sustitución, que no exceda el límite previsto en la legislación laboral y sin que esta exención exceda del equivalente de cinco veces el salario mínimo general del área geográfica del trabajador por cada semana de servicios.

II. Por el excedente de las prestaciones exceptuadas del pago del impuesto a que se refiere la fracción anterior, se pagará el impuesto en los términos de este Título.

III. Las indemnizaciones por riesgos de trabajo o enfermedades, que se concedan de acuerdo con las leyes, por contratos colectivos de trabajo o por contratos Ley.

IV. Las jubilaciones, pensiones, haberes de retiro, así como las pensiones vitalicias u otras formas de retiro, provenientes de la subcuenta del seguro de retiro o de la subcuenta de retiro, cesantía en edad avanzada y vejez, previstas en la Ley del Seguro Social y las provenientes de la cuenta individual del sistema de ahorro para el retiro prevista en la Ley del Instituto de Seguridad y Servicios Sociales de los Trabajadores del Estado, en los casos de invalidez, incapacidad, cesantía, vejez, retiro y muerte, cuyo monto diario no exceda de quince veces el salario mínimo general del área geográfica del contribuyente, y el beneficio previsto en la Ley de Pensión Universal. Por el excedente se pagará el impuesto en los términos de este Título.

V. Para aplicar la exención sobre los conceptos a que se refiere la fracción anterior, se deberá considerar la totalidad de las pensiones y de los haberes de retiro pagados al trabajador a que se refiere la misma, independientemente de quien los pague. Sobre el excedente se deberá efectuar la retención en los términos que al efecto establezca el Reglamento de esta Ley.

VI. Los percibidos con motivo del reembolso de gastos médicos, dentales, hospitalarios y de funeral, que se concedan de manera general, de acuerdo con las leyes o contratos de trabajo.

VII. Las prestaciones de seguridad social que otorguen las instituciones públicas.

VIII. Los percibidos con motivo de subsidios por incapacidad, becas educacionales para los trabajadores o sus hijos, guarderías infantiles, actividades culturales y deportivas, y otras prestaciones de previsión social, de naturaleza análoga, que se concedan de manera general, de acuerdo con las leyes o por contratos de trabajo.

IX. La previsión social a que se refiere la fracción anterior es la establecida en el artículo 7, quinto párrafo de esta Ley.

X. La entrega de las aportaciones y sus rendimientos provenientes de la subcuenta de vivienda de la cuenta individual prevista en la Ley del Seguro Social, de la subcuenta del Fondo de la Vivienda de la cuenta individual del sistema de ahorro para el retiro, prevista en la Ley del Instituto de Seguridad y Servicios Sociales de los Trabajadores del Estado o del Fondo de la Vivienda para los miembros del activo del Ejército, Fuerza Aérea y Armada, previsto en la Ley del Instituto de Seguridad Social para las Fuerzas Armadas Mexicanas, así como las casas habitación proporcionadas a los trabajadores, inclusive por las empresas cuando se reúnan los requisitos de deducibilidad del Título II de esta Ley o, en su caso, del presente Título.

XI. Los provenientes de cajas de ahorro de trabajadores y de fondos de ahorro establecidos por las empresas para sus trabajadores cuando reúnan los requisitos de deducibilidad del Título II de esta Ley o, en su caso, del presente Título.

XII. La cuota de seguridad social de los trabajadores pagada por los patrones.

XIII. Los que obtengan las personas que han estado sujetas a una relación laboral en el momento de su separación, por concepto de primas de antigüedad, retiro e indemnizaciones u otros pagos, así como los obtenidos con cargo a la subcuenta del seguro de retiro o a la subcuenta de retiro, cesantía en edad avanzada y vejez, previstas en la Ley del Seguro Social y los que obtengan los trabajadores al servicio del Estado con cargo a la cuenta individual del sistema de ahorro para el retiro, prevista en la Ley del Instituto de Seguridad y Servicios Sociales de los Trabajadores del Estado, y los que obtengan por concepto del beneficio previsto en la Ley de Pensión Universal, hasta por el equivalente a noventa veces el salario mínimo general del área geográfica del contribuyente por cada año de servicio o de contribución en el caso de la subcuenta del seguro de retiro, de la subcuenta de retiro, cesantía en edad avanzada y vejez o de la cuenta individual del sistema de ahorro para el retiro. Los años de servicio serán los que se hubieran considerado para el cálculo de los conceptos mencionados. Toda fracción de más de seis meses se considerará un año completo. Por el excedente se pagará el impuesto en los términos de este Título.

XIV. Las gratificaciones que reciban los trabajadores de sus patrones, durante un año de calendario, hasta el equivalente del salario mínimo general del área geográfica del trabajador elevado a 30 días, cuando dichas gratificaciones se otorguen en forma general; así como las primas vacacionales que otorguen los patrones durante el año de calendario a sus trabajadores en forma general y la participación de los trabajadores en las utilidades de las empresas, hasta por el equivalente a 15 días de salario mínimo general del área geográfica del trabajador, por cada uno de los conceptos señalados. Tratándose de primas dominicales hasta por el equivalente de un salario mínimo general del área geográfica del trabajador por cada domingo que se labore.

XV. Por el excedente de los ingresos a que se refiere la fracción anterior se pagará el impuesto en los términos de este Título.

XVI. Las remuneraciones por servicios personales subordinados que perciban los extranjeros, en los siguientes casos:

a) Los agentes diplomáticos.
b) Los agentes consulares, en el ejercicio de sus funciones, en los casos de reciprocidad.
c) Los empleados de embajadas, legaciones y consulados extranjeros, que sean nacionales de los países representados, siempre que exista reciprocidad.
d) Los miembros de delegaciones oficiales, en el caso de reciprocidad, cuando representen países extranjeros.
e) Los miembros de delegaciones científicas y humanitarias.
f) Los representantes, funcionarios y empleados de los organismos internacionales con sede u oficina en México, cuando así lo establezcan los tratados o convenios.
g) Los técnicos extranjeros contratados por el Gobierno Federal, cuando así se prevea en los acuerdos concertados entre México y el país de que dependan.

XVII. Los viáticos, cuando sean efectivamente erogados en servicio del patrón y se compruebe esta circunstancia con los comprobantes fiscales correspondientes.

XVIII. Los que provengan de contratos de arrendamiento prorrogados por disposición de Ley.

XIX. Los derivados de la enajenación de:
   a) La casa habitación del contribuyente, siempre que el monto de la contraprestación obtenida no exceda de setecientas mil unidades de inversión y la transmisión se formalice ante fedatario público. Por el excedente se determinará la ganancia y se calcularán el impuesto anual y el pago provisional en los términos del Capítulo IV de este Título, considerando las deducciones en la proporción que resulte de dividir el excedente entre el monto de la contraprestación obtenida. El cálculo y entero del impuesto que corresponda al pago provisional se realizará por el fedatario público conforme a dicho Capítulo.
   La exención prevista en este inciso será aplicable siempre que durante los cinco años inmediatos anteriores a la fecha de enajenación de que se trate el contribuyente no hubiere enajenado otra casa habitación por la que hubiera obtenido la exención prevista en este inciso y manifieste, bajo protesta de decir verdad, dichas circunstancias ante el fedatario público ante quien se protocolice la operación.
   El fedatario público deberá consultar al Servicio de Administración Tributaria a través de la página de Internet de dicho órgano desconcentrado y de conformidad con las reglas de carácter general que al efecto emita este último, si previamente el contribuyente ha enajenado alguna casa habitación durante los cinco años anteriores a la fecha de la enajenación de que se trate, por la que hubiera obtenido la exención prevista en este inciso y dará aviso al citado órgano desconcentrado de dicha

enajenación, indicando el monto de la contraprestación y, en su caso, del impuesto retenido.

b) Bienes muebles, distintos de las acciones, de las partes sociales, de los títulos valor y de las inversiones del contribuyente, cuando en un año de calendario la diferencia entre el total de las enajenaciones y el costo comprobado de la adquisición de los bienes enajenados, no exceda de tres veces el salario mínimo general del área geográfica del contribuyente elevado al año. Por la utilidad que exceda se pagará el impuesto en los términos de este Título.

XX. Los intereses:
   a) Pagados por instituciones de crédito, siempre que los mismos provengan de cuentas de cheques, para el depósito de sueldos y salarios, pensiones o para haberes de retiro o depósitos de ahorro, cuyo saldo promedio diario de la inversión no exceda de 5 salarios mínimos generales del área geográfica del Distrito Federal, elevados al año.

   b) Pagados por sociedades cooperativas de ahorro y préstamo y por las sociedades financieras populares, provenientes de inversiones cuyo saldo promedio diario no exceda de 5 salarios mínimos generales del área geográfica del Distrito Federal, elevados al año.
Para los efectos de esta fracción, el saldo promedio diario será el que se obtenga de dividir la suma de los saldos diarios de la inversión entre el número de días de ésta, sin considerar los intereses devengados no pagados.

XXI. Las cantidades que paguen las instituciones de seguros a los asegurados o a sus beneficiarios cuando ocurra el riesgo amparado por las pólizas contratadas y siempre que no se trate de seguros relacionados con bienes de activo fijo. Tratándose de seguros en los que el riesgo amparado sea la supervivencia del asegurado, no se pagará el impuesto sobre la renta por las cantidades que paguen las instituciones de seguros a sus asegurados o beneficiarios, siempre que la indemnización se pague cuando el asegurado llegue a la edad de sesenta años y además hubieran transcurrido al menos cinco años desde la fecha de contratación del seguro y el momento en el que se pague la indemnización. Lo dispuesto en este párrafo sólo será aplicable cuando la prima sea pagada por el asegurado.

Tampoco se pagará el impuesto sobre la renta por las cantidades que paguen las instituciones de seguros a sus asegurados o a sus beneficiarios, que provengan de contratos de seguros de vida cuando la prima haya sido pagada directamente por el empleador en favor de sus trabajadores, siempre que los beneficios de dichos seguros se entreguen únicamente por muerte, invalidez, pérdidas orgánicas o incapacidad del asegurado para realizar un trabajo personal remunerado de conformidad con las leyes de seguridad social y siempre que en el caso del seguro que cubre la muerte del titular los beneficiarios de dicha póliza sean las personas relacionadas con el titular a que se refiere la fracción I del artículo 151 de esta Ley y se cumplan los demás requisitos establecidos en la fracción XI del artículo 27 de la misma Ley. La exención prevista en este párrafo no será aplicable tratándose de las cantidades que paguen las instituciones de seguros por concepto de dividendos derivados de la póliza de seguros o su colectividad.

No se pagará el impuesto sobre la renta por las cantidades que paguen las instituciones de seguros a sus asegurados o a sus beneficiarios que provengan de contratos de seguros de vida, cuando la persona que pague la prima sea distinta a la mencionada en el párrafo anterior y que los beneficiaros de

dichos seguros se entreguen por muerte, invalidez, pérdidas orgánicas o incapacidad del asegurado para realizar un trabajo personal.
El riesgo amparado a que se refiere el párrafo anterior se calculará tomando en cuenta todas las pólizas de seguros que cubran el riesgo de muerte, invalidez, pérdidas orgánicas o incapacidad del asegurado para realizar un trabajo personal remunerado de conformidad con las leyes de seguridad social, contratadas en beneficio del mismo asegurado por el mismo empleador.
Tratándose de las cantidades que paguen las instituciones de seguros por concepto de jubilaciones, pensiones o retiro, así como de seguros de gastos médicos, se estará a lo dispuesto en las fracciones IV y VI de este artículo, según corresponda.
Lo dispuesto en esta fracción sólo será aplicable a los ingresos percibidos de instituciones de seguros constituidas conforme a las leyes mexicanas, que sean autorizadas para organizarse y funcionar como tales por las autoridades competentes.

XXII. Los que se reciban por herencia o legado.

XXIII. Los donativos en los siguientes casos:

- a) Entre cónyuges o los que perciban los descendientes de sus ascendientes en línea recta, cualquiera que sea su monto.
- b) Los que perciban los ascendientes de sus descendientes en línea recta, siempre que los bienes recibidos no se enajenen o se donen por el ascendiente a otro descendiente en línea recta sin limitación de grado.
- c) Los demás donativos, siempre que el valor total de los recibidos en un año de calendario no exceda de tres veces el salario mínimo general del área geográfica del

contribuyente elevado al año. Por el excedente se pagará impuesto en los términos de este Título.

XXIV. Los premios obtenidos con motivo de un concurso científico, artístico o literario, abierto al público en general o a determinado gremio o grupo de profesionales, así como los premios otorgados por la Federación para promover los valores cívicos.

XXV. Las indemnizaciones por daños que no excedan al valor de mercado del bien de que se trate. Por el excedente se pagará el impuesto en los términos de este Título.

XXVI. Los percibidos en concepto de alimentos por las personas físicas que tengan el carácter de acreedores alimentarios en términos de la legislación civil aplicable.

XXVII. Los retiros efectuados de la subcuenta de retiro, cesantía en edad avanzada y vejez de la cuenta individual abierta en los términos de la Ley del Seguro Social, por concepto de ayuda para gastos de matrimonio y por desempleo. También tendrá este tratamiento, el traspaso de los recursos de la cuenta individual entre administradoras de fondos para el retiro, entre instituciones de crédito o entre ambas, así como entre dichas administradoras e instituciones de seguros autorizadas para operar los seguros de pensiones derivados de las leyes de seguridad social, con el único fin de contratar una renta vitalicia y seguro de sobrevivencia conforme a las leyes de seguridad social y a la Ley de los Sistemas de Ahorro para el Retiro.

XXVIII. Los que deriven de la enajenación de derechos parcelarios, de las parcelas sobre las que hubiera adoptado el dominio pleno o de los derechos comuneros, siempre y cuando sea la primera trasmisión que se efectúe por los ejidatarios o comuneros y la misma se realice en los términos de la legislación de la materia.

La enajenación a que se refiere esta fracción deberá realizarse ante fedatario público, y el enajenante deberá acreditar que es titular de dichos derechos parcelarios o comuneros, así como su calidad de ejidatario o comunero mediante los certificados o los títulos correspondientes a que se refiere la Ley Agraria.

En caso de no acreditar la calidad de ejidatario o comunero conforme a lo establecido en el párrafo anterior, o que no se trate de la primera transmisión que se efectúe por los ejidatarios o comuneros, el fedatario público calculará y enterará el impuesto en los términos de este Título.

XXIX. Los que se obtengan, hasta el equivalente de veinte salarios mínimos generales del área geográfica que corresponda al contribuyente elevados al año, por permitir a terceros la publicación de obras escritas de su creación en libros, periódicos o revistas, o bien, la reproducción en serie de grabaciones de obras musicales de su creación, siempre que los libros, periódicos o revistas, así como los bienes en los que se contengan las grabaciones, se destinen para su enajenación al público por la persona que efectúa los pagos por estos conceptos y siempre que el creador de la obra expida por dichos ingresos el comprobante fiscal respectivo. Por el excedente se pagará el impuesto en los términos de este Título.

La exención a que se refiere esta fracción no se aplicará en cualquiera de los siguientes casos:

    a) Cuando quien perciba estos ingresos obtenga también de la persona que los paga ingresos de los señalados en el Capítulo I de este Título.

> b) Cuando quien perciba estos ingresos sea socio o accionista en más del 10% del capital social de la persona moral que efectúa los pagos.
> c) Cuando se trate de ingresos que deriven de ideas o frases publicitarias, logotipos, emblemas, sellos distintivos, diseños o modelos industriales, manuales operativos u obras de arte aplicado.

No será aplicable lo dispuesto en esta fracción cuando los ingresos se deriven de la explotación de las obras escritas o musicales de su creación en actividades empresariales distintas a la enajenación al público de sus obras, o en la prestación de servicios.

Lo dispuesto en las fracciones XIX inciso b), XX, XXI, XXIII inciso c) y XXV de este artículo, no será aplicable tratándose de ingresos por las actividades empresariales o profesionales a que se refiere el Capítulo II de este Título.

Las aportaciones que efectúen los patrones y el Gobierno Federal a la subcuenta de retiro, cesantía en edad avanzada y vejez de la cuenta individual que se constituya en los términos de la Ley del Seguro Social, así como las aportaciones que se efectúen a la cuenta individual del sistema de ahorro para el retiro, en los términos de la Ley del Instituto de Seguridad y Servicios Sociales de los Trabajadores del Estado, incluyendo los rendimientos que generen, no serán ingresos acumulables del trabajador en el ejercicio en que se aporten o generen, según corresponda.

Las aportaciones que efectúen los patrones, en los términos de la Ley del Instituto del Fondo Nacional de la Vivienda para los Trabajadores, a la subcuenta de vivienda de la cuenta individual abierta en los términos de la Ley del Seguro Social, y las que efectúe el Gobierno Federal a la subcuenta del Fondo de la

Vivienda de la cuenta individual del sistema de ahorro para el retiro, en los términos de la Ley del Instituto de Seguridad y Servicios Sociales de los Trabajadores del Estado, o del Fondo de la Vivienda para los miembros del activo del Ejército, Fuerza Aérea y Armada, previsto en la Ley del Instituto de Seguridad Social para las Fuerzas Armadas Mexicanas, así como los rendimientos que generen, no serán ingresos acumulables del trabajador en el ejercicio en que se aporten o generen, según corresponda.

Las exenciones previstas en las fracciones XVII, XIX inciso a) y XXII de este artículo, no serán aplicables cuando los ingresos correspondientes no sean declarados en los términos del tercer párrafo del artículo 150 de esta Ley, estando obligado a ello.
La exención aplicable a los ingresos obtenidos por concepto de prestaciones de previsión social se limitará cuando la suma de los ingresos por la prestación de servicios personales subordinados o aquellos que reciban, por parte de las sociedades cooperativas, los socios o miembros de las mismas y el monto de la exención exceda de una cantidad equivalente a siete veces el salario mínimo general del área geográfica del contribuyente, elevado al año; cuando dicha suma exceda de la cantidad citada, solamente se considerará como ingreso no sujeto al pago del impuesto un monto hasta de un salario mínimo general del área geográfica del contribuyente, elevado al año. Esta limitación en ningún caso deberá dar como resultado que la suma de los ingresos por la prestación de servicios personales subordinados o aquellos que reciban, por parte de las sociedades cooperativas, los socios o miembros de las mismas y el importe de la exención, sea inferior a siete veces el salario mínimo general del área geográfica del contribuyente, elevado al año.
Lo dispuesto en el párrafo anterior, no será aplicable tratándose de jubilaciones, pensiones, haberes de retiro, pensiones

vitalicias, indemnizaciones por riesgos de trabajo o enfermedades, que se concedan de acuerdo con las leyes, contratos colectivos de trabajo o contratos ley, reembolsos de gastos médicos, dentales, hospitalarios y de funeral, concedidos de manera general de acuerdo con las leyes o contratos de trabajo, seguros de gastos médicos, seguros de vida y fondos de ahorro, siempre que se reúnan los requisitos establecidos en las fracciones XI y XXI del artículo 27 de esta Ley, aun cuando quien otorgue dichas prestaciones de previsión social no sea contribuyente del impuesto establecido en esta Ley.

A manera de ejemplo, De las fracciones IX y XII artículo 93 de la Ley del Impuesto sobre la Renta, se desprenden los siguientes ingresos exentos del trabajador y que a su vez, son gastos obligatorios para el patrón:

a. La previsión social.
b. La cuota de seguridad social de los trabajadores pagada por los patrones.

En relación al ingreso identificado en el inciso a), conforme al artículo 7°, párrafo quinto, de la actual Ley del Impuesto Sobre la Renta, se considera *previsión social* las erogaciones efectuadas que tengan por objeto satisfacer contingencias o necesidades presentes o futuras, así como el otorgar beneficios a favor de los trabajadores o de los socios o miembros de las sociedades cooperativas, tendentes a su superación física, social, económica o cultural, que les permitan el mejoramiento en su calidad de vida y de su familia. El párrafo quinto, del artículo 7, en mención es del tenor literal siguiente:

LEY DEL IMPUESTO SOBRE LA RENTA
TÍTULO I - Disposiciones generales

ARTÍCULO 7:

...

Para los efectos de esta ley, se considera previsión social las erogaciones efectuadas que tengan por objeto satisfacer contingencias o necesidades presentes o futuras, así como el otorgar beneficios a favor de los trabajadores o de los socios o miembros de las sociedades cooperativas, tendientes a su superación física, social, económica o cultural, que les permitan el mejoramiento en su calidad de vida y en la de su familia. En ningún caso se considerará previsión social a las erogaciones efectuadas a favor de personas que no tengan el carácter de trabajadores o de socios o miembros de sociedades cooperativas.

...

Al respecto, la Suprema Corte de Justicia de la Nación, ha sostenido que estos gastos se refieren a la atención de futuras contingencias que permiten la plena satisfacción de necesidades de orden pecuniario del trabajador, ante la eventual imposibilidad material para hacerles frente, con motivo de los riegos propios de su desempeño laboral, mediante el acuerdo de prestaciones que son cubiertas, entregadas u otorgadas por el empleador. Además, sostuvo que se trata de gastos necesarios para los fines de la actividad del contribuyente patrón, pues si se entregan a los trabajadores con el fin de mejorar su calidad de vida, se genera, a su vez, un mayor rendimiento de trabajo que significa para él una mejor producción.

Así, la previsión social implica un mejor trato laboral a los trabajadores, lo cual normalmente deriva en el nacimiento o fortalecimiento de empresas fecundas, fructíferas, que finalmente serán exitosas, en beneficio de la colectividad.

Por tanto, el pago de la cuota de seguridad social, en términos de la legislación aplicable, constituye un gasto obligatorio, que está condicionado a la existencia de una relación de trabajo. En esa tesitura, se concluye que dichos ingresos exentos para el trabajador, son erogaciones que constituyen gastos necesarios e indispensables para la obtención de utilidades.

Consecuentemente, se sostiene que la base gravable para efectos del impuesto sobre la renta, se vería aumentada injustificadamente por el artículo 28, fracción XXX, de la Ley del Impuesto sobre la Renta, vigente en dos mil catorce, ya que no corresponde en su totalidad a la efectiva capacidad contributiva del sujeto pasivo de la relación tributaria, pues no se le permite efectuar una deducción lícita y que, dada su naturaleza resulta necesaria para efectos de calcular la base de dicho gravamen.

Lo anterior provoca que se viole en perjuicio del causante del impuesto el derecho humano de proporcionalidad tributaria que prevé la fracción IV del artículo 31, del pacto político federal mexicano.

"...Lo anterior provoca que se viole en perjuicio del causante del impuesto el derecho humano de proporcionalidad tributaria que prevé la fracción IV del artículo 31, del pacto político federal mexicano..."

Conclusión

Análisis a la Fracción XXX del artículo 28 de la L.I.S.R

Conclusión

Por todo lo antes expuesto, a manera de conclusión y dando respuesta a la pregunta fundamental de este ensayo: ¿La fracción XXX del artículo 28 de la Ley del Impuesto Sobre la Renta realmente cumple con el principio de proporcionalidad que marca la Constitución Política de los Estados Unidos Mexicanos? Puedo asegurar enfáticamente que la fracción XXX del artículo 28 de la Ley del Impuesto Sobre la Renta, no cumple con el principio de proporcionalidad especificado en nuestra carta magna por las siguientes razones:

1. No permite llegar a un saldo o ingreso acumulado real ya que este es ficticio.
2. No está basada en la capacidad contributiva de los causantes.
3. Está fracción impide que el contribuyente tribute cualitativa y cuantitativamente en función de su capacidad económica.
4. La fracción XXX del artículo 28 de la Ley del Impuesto Sobre la Renta no afecte fiscalmente una parte justa y razonable de la riqueza del contribuyente.
5. Resulta evidente que esta norma aumenta injustificadamente la base gravable para efectos del impuesto sobre la renta.
6. La fracción XXX del artículo 28 de la Ley del Impuesto Sobre la Renta establece una restricción a la deducción respecto de pagos exentos de los trabajadores, lo cual desmotiva la inversión y el desarrollo empresarial.
7. La norma analizada atenta contra el siguiente postulado jurídico: Para que un gravamen sea proporcional, se requiere que el hecho imponible del tributo establecido por el Estado, refleje una auténtica manifestación de capacidad económica del sujeto pasivo, entendida ésta como la potencialidad real de contribuir a los gastos públicos.
8. No coincide con el criterio de proporcionalidad establecido por la Corte que sostiene: La Suprema Corte de Justicia de la Nación ha sostenido que el *principio de proporcionalidad* implica que los sujetos pasivos de la relación tributaria, deben contribuir a los gastos públicos en función de sus respectivas capacidades, aportando a la Hacienda Pública una parte

justa y adecuada de sus ingresos, utilidades o rendimientos.

9. Asimismo la fracción analizada en este libro atenta evidentemente contra otro criterio de la Corte que asegura: ...Al respecto, la Suprema Corte de Justicia de la Nación sostiene que el principio de proporcionalidad tributaria radica, medularmente, en que los sujetos pasivos deben contribuir a los gastos públicos en función de su respectiva capacidad contributiva, debiendo aportar una parte justa y adecuada de sus ingresos, utilidades, rendimientos o la manifestación de riqueza gravada.

¿Proporcionalidad sin Proporción?

Del autor y esta obra

"...es imposible dar lo que no tienes..."

Dr. Guillermo Robertson Andrade

Dr. Guillermo Robertson Andrade

Del autor y esta obra

"La justicia es una constante y perpetua voluntad de dar a cada uno lo que le toca"", lográndose esto, mediante el conocimiento de causa.

El Dr. Guillermo Robertson Andrade siempre ha sido considerado como un constante activista en pro de la capacitación empresarial, viéndose reflejado sin lugar a dudas en esta obra ¿Proporcionalidad sin Proporción?

Contador Público, Licenciado en Derecho, Maestro y Doctorando Institucional en Impuestos por el Centro Nacional de Estudios e Investigación Tributaria, A.C., bajo la tesis "La Nueva Defensa Fiscal a través de los Derechos Humanos de los Contribuyentes".

Expositor a nivel nacional, así como Líder reconocido en temas de Planeación y Defensa Fiscal.

Autor de la famosa "Tríada en Defensa Fiscal", que actualmente es distribuida a nivel nacional, siendo de gran utilidad como instrumento de capacitación para especialistas y empresarios, la cual se compone de los siguientes títulos:
"Exégesis de la Ley Federal de los Derechos del Contribuyente".
"Defensa Fiscal vs Visitas Domiciliarias".

"Puntos Finos, Refinados y Afinados de la Defensa Fiscal".

Así como también de ¿Procede o no Procede?, antecesora de esta obra, en el análisis de la fracción XXX del artículo 28 de la Ley del Impuesto Sobre la Renta.

Creador del único video taller 100% práctico online en materia de Defensa Fiscal en contra de Visitas Domiciliarias.

Asesor de diversas empresas a Nivel Internacional (México y Estados Unidos).

Columnista en diversas revistas impresas y electrónicas como lo son: "Vanguardia Fiscal", "Información Fiscal Oportuna", por mencionar algunas.

Experiencia en Litigio y Planeación Fiscal por más de 15 años.

Socio fundador y Presidente del Corporativo Fiscal y Administrativo Robertson, Saracho, Del Peral y Asociados.

Ex-asesor en el H. Congreso del estado de Baja California; algunos de sus trabajos se encuentran en la Biblioteca General de la Suprema Corte de Justicia de la Nación así como en el H. Congreso de la Unión.

Bibliografía

Bibliografía

1. Constitución Política de los Estados Unidos Mexicanos.

2. Ley del Impuesto Sobre la Renta.

3. Ley de Amparo.

4. Código Fiscal de la Federación.

5. Ley Federal del Trabajo.

6. Revista del H. Tribunal Federal de Justicia Fiscal y Administrativa.

7. Jurisprudencias de la Suprema Corte de Justicia de la Nación.

8. Página de internet de la Suprema Corte de Justicia de la Nación.

Análisis a la Fracción XXX del artículo 28 de la L.I.S.R

Análisis a la Fracción XXX del artículo 28 de la L.I.S.R

Análisis a la Fracción XXX del artículo 28 de la L.I.S.R

Contenido

Dedicatoria — 7

Prólogo — 11

Introducción — 17

Argumentaciones Generales — 23

Objeto del I.S.R. — 31

Deducciones — 43

Deducciones Estructurales — 69

Deducciones no Estructurales — 93

Conclusión — 129

Del Autor y esta obra — 135

Bibliografía — 139

Contenido — 143

"Aquí está mi principio: Los impuestos se percibirán de acuerdo a la capacidad de pago. Ese es el único principio americano."

Franklin Roosevelt

¿Proporcionalidad sin Proporción? Análisis a la fracción XXX del artículo 28 de la Ley del Impuesto Sobre la Renta, para establecer su proporcionalidad o no proporcionalidad. Es una obra protegida por los derechos de autor. Todos los derechos de texto reservados por Marcos Guillermo Robertson Andrade. Todos los derechos de diseño y edición reservados por Wendy R. Saracho Narcio, editor y coordinador general. Todos los derechos para esta primera edición reservados por RS Ediciones. La presente obra se terminó de editar el día 20 de junio del 2015 en las instalaciones de RS Ediciones, Moctezuma No. 718-4 Zona Centro, Ensenada, Baja California. ¿Proporcionalidad sin Proporción? Análisis a la fracción XXX del artículo 28 de la Ley del Impuesto Sobre la Renta, para establecer su proporcionalidad o no proporcionalidad. Es una obra patrocinada por Robertson, Saracho del Peral y Asociados S.C. de R.L. de C.V.

Prohibida su reproducción parcial o total por cualquier medio incluyendo: fotocopiadora, impresora digital, páginas electrónicas, cuentas de redes sociales; así como la elaboración de material editorial, educativo, audiovisual o cinematográfico basado en el argumento de esta obra sin la autorización expresa de los propietarios de los derechos de autor.

www.ingramcontent.com/pod-product-compliance
Lightning Source LLC
Chambersburg PA
CBHW030754180526
45163CB00003B/1021